戴高乐画传

时影／编著

作家出版社

D e G

a u l l e
LA GUERRE

图书在版编目（CIP）数据

戴高乐画传 / 时影编著． — 北京：作家出版社，2015.9
（名人画传丛书）
ISBN 978-7-5063-8384-4

Ⅰ．①戴… Ⅱ．①时… Ⅲ．①戴高乐，C.A.J.M.（1890～1970）—传记—画册 Ⅳ．①K835.657=5

中国版本图书馆 CIP 数据核字（2015）第 241081 号

戴高乐画传

作　　者：时　影
责任编辑：张　平
装帧设计：陈　燕
出版发行：作家出版社
社　　址：北京农展馆南里 10 号　　邮　　编：100125
电话传真：86-10-65930756（出版发行部）
86-10-65004079（总编室）
86-10-65015116（邮购部）
E-mail:zuojia@zuojia.net.cn
http://www.haozuojia.com（作家在线）
印　　刷：北京市玖仁伟业印刷有限公司
成品尺寸：170×240
字　　数：36 千
印　　张：14.5
版　　次：2016 年 1 月第 1 版
印　　次：2016 年 1 月第 1 次印刷
ISBN 978-7-5063-8384-4
定　　价：32.00 元

目 录

De Gaulle

第一章
在战士和作家之间

夏尔·戴高乐，1890年11月22日诞生在法国里尔市公主街9号一个世代笃信天主教的小贵族家庭。戴高乐家族从十六世纪到1789年资产阶级革命爆发时止，祖祖辈辈都在司法界做官。戴高乐的祖父是一位在学术界很有名气的历史学家。他的祖母约瑟芬·马约是一位相当有才华的妇女，既聪明又有个性，颇有造诣，还是一位“多产作家”。

戴高乐的父亲亨利·戴高乐1870年普法战争应征入伍，在前线负过伤。战争结束后，他弃军从教，在圣玛利亚学校讲授哲学、数学和文学。戴高乐母亲对祖国怀着“坚定不移的热爱”，和她对“宗教的虔诚”毫无二致。亨利夫妇生了四儿一女，老二就成为后来法国的神圣斗士——夏尔·安德烈·约瑟夫·马里·戴高乐。

他的大哥格札维埃曾说，戴高乐出生时准是在冰水里泡着的，所以总是那么硬邦邦的。戴高乐和男孩子们时常做打仗的游戏，他们装扮成不同国籍的士兵，但戴高乐总得当统帅，而且是“法国军队”的统帅。有一次，格札维埃说，这一回该换换了。戴高乐断然说：“绝不！”所有的孩子都得听他的，煞有介事似的真像两国交兵。

到了入学年龄，戴高乐进了圣玛利亚学校。教会学校有非常严格的教会传统和纪律，教学要求也很严。戴高乐虽然不如大哥格札维埃那样克勤克俭，但天赋却略胜一筹。他过目成诵，所以学习成绩是相当出色的。他最喜欢的功课是文学和历史。戴高乐的暑期读物总是历史。

戴高乐曾写了很多小说和诗剧，来表达他对祖国的热爱。1906年，戴高乐写了一个短诗剧，题目叫《苦相逢》：一个羁旅异乡的游客深夜在森林里碰上了强盗，强盗把他身上的全部财物都抢走了。强盗每抢走一件东西，都会说：这是我拿走的最后一件东西。但这句话总说个没完，直到把异乡人抢个精光。强盗作案的时候，用手枪瞄准旅客，态度却十分“谦和”。最后，强盗向这个倒霉的旅客“热情”道别，扬长而去。戴高乐给家人表演过这个诗剧，他扮演那个贪婪而彬彬有礼的强盗。

1908年，戴高乐以夏尔·德·吕卡勒的笔名又写了一篇短篇小说和一首诗。短篇小说《扎莱纳》写的是一位派驻新喀里多尼亚的法国青年军官和当地少女扎莱纳的爱情悲剧。而在那首无题诗中，戴高乐抒发了自己准备在战场上视死如归的壮烈情怀。有人说，如果戴高乐选择了文学，也许他会成为一个很有特色的作家。

当资本主义从自由竞争阶段迅速向帝国主义阶段发展的时候，在列强重新分割世界的争斗中，德国的咄咄逼人使法国寝不安席。戴高乐一落地就遇上了国运颠簸的时代，他四岁那年，发生了德雷福斯案件。然而，由于德雷福斯案件是法国政局尖锐化的集中体现，全国上下群情激昂，它的余波在法国振荡了相当长的年月。德雷福斯案件之后，法国政局出现了一次较大的重新组合：保皇党、教权派和温和的共和派失势，激进党重新组阁。随着自由竞争的资本主义向垄断的资本主义发展，阶级矛盾陡然尖锐起来，工人运动不断高涨。1911年，平均每天发生四起罢工，1905-1911年，参加罢工的人数平均每年达十三万人之多。

此外，全球殖民地马上就要分割完毕，一场重新瓜分世界的世界战争酝酿成熟了，同盟国集团和协约国集团都红着眼睛窥伺和等待着一个引爆的契机，战争的阴霾在欧洲上空徘徊。各个帝国摩拳擦掌加紧备战。到了1913年，德国的现役兵为七十六万人，英国的现役兵为四十一万人，法国的现役兵增至七十七万人，沙皇俄国的现役兵为一百三十万人。

这一切，对于戴高乐漫长的一生是不可磨灭的启蒙。戴高乐十多岁时下决心要进圣西尔军事学院，梦寐以求想要当一名军人。据说十四岁那年的一天，戴高乐家里有人来拜访，对方随即从门缝里递进一张“费德尔布将军”的名片，门外站着的竟是身着戎装扮成费德尔布将军的戴高乐。费德尔布将军是普法战争期间的法国指挥官，据说他率领的军队从没有打过败仗。

1909年8月，戴高乐通过了圣西尔军事学院的入学考试。他的分数不算高，在二百一十二名学员当中排第一百一十一名，但总算考取了。同年十月，他成了圣西尔军事学院的学员。这一年，他正好十九岁。进入军事学院，这是戴高乐一生的转折点。这一选择，决定了戴高乐将来不会成为文学家，也不会成为哲学家和历史学家。

⊙出身于法国贵族世家的夏尔·戴高乐。少年戴高乐立志投笔从戎。

⊙这是一幅法国大革命时期的漫画，题为《追逐贵族》。在这一动荡时期的绘画作品中，有许多是描述追逐或嘲弄贵族和神职人员的作品。

⊙这幅图画题名为《种植自由之树》，它用一种典型的象征主义的艺术手法，来诠释主要由狂热分子主导的法国革命。

⊙这幅插图描绘的是：1815年拿破仑帝国崩溃后举行的维也纳会议。尽管法国也被允许参加这次会议，但会上由胜利者作出一切重要的决议。普鲁士得到了原由法国控制的莱茵兰一带的一些新的省份，那里的矿产资源日后有助于普鲁士成为德国最强大的邦国。同时，法、德两国对这一地区的争议，也一直持续到二十世纪的两次世界大战结束。

⊙ 1899 年 8 月 7 日，法国发生了轰动一时的德雷福斯案。五年前，因一起向德国泄密事件，作为犹太人的法国军官德雷福斯受到怀疑，被秘密审讯并判处叛国罪。此事引起公众的不满，一些著名作家、知识分子发动了一场运动，要求宣布德雷福斯无罪。

其中最著名的是法国作家左拉发表的《我控告》一文。一时间，整个法国分裂成两大阵营——拥护德雷福斯的阵营和反对德雷福斯的阵营。直到 1906 年，法庭才最终撤销了德雷福斯的罪名。

⊙法国圣西尔军事学院的学员正在凭吊古战场。

⊙青年时期的戴高乐。

第二章 初识贝当和战俘生涯

戴高乐在同辈当中是个很有个性的学生。他坚毅果敢，但孤高自傲，让人觉得他落落寡合，同他的高身材、大鼻子恰好互为表里。同学们给他起了一些绰号，比如“公鸡 ”“两米”等等。有一次开联欢会，同学们提议戴高乐背诵他最喜欢的罗斯丹诗剧《西哈诺·德·贝热拉克》，他立刻爬上桌子，高声朗诵了诗剧主人公西哈诺关于自己的“大鼻子”的一段台词。于是，“大鼻子”的雅号便转赠给了戴高乐。

戴高乐在圣西尔军事学院勤奋地学习了两年，于1912年10月1日毕业，在毕业考试中取得第十三名，其军衔是少尉。填写分配志愿时，戴高乐选择了第三十三步兵团，这时的团长是菲利普·贝当上校，贝当很赏识戴高乐的才干。1913年10月1日，戴高乐晋升为陆军中尉。贝当写下的评语是：“异常聪颖，忠于职守……极堪嘉许。”

1914年，第一次世界大战终于爆发，法国的第一个军事行动是进攻比利时。戴高乐和第三十三步兵团受命于8月5日从阿拉斯启程，开赴比利时。但由于德国攻势极猛，法军退至横贯迪南的默兹河上（马斯河上游），第三十三步兵团奉命守住默兹河大桥，阻止德军过河。 8月15日，法军与德军发生交火，戴高乐在他参加的第一次实战中大腿负伤，先后被送到阿拉斯、里昂和巴黎治疗，年底又重返前线。这时，他所属的步兵团已开往捍巴尼，贝当已经调离第三十三团并提升为旅长。戴高乐执行了许多次很危险的侦察任务，表现十分出色。1915年1月20日，戴高乐受到表彰，后被提升为上尉。

1915年底，德军开始向凡尔登大举进攻，法国军队面临严峻考验，主持凡尔登防务的是第三十三步兵团的前团长、后晋升为将军的贝当。1916年2月，戴高乐所在的部队向凡尔登集结，3月1日与德军在都奥蒙堡一带遭遇。遭遇战打得十分激烈，德军猛烈炮击法军阵地，第三十三步兵团的大部分阵地损失严重。当时很多人以为戴高乐已经阵亡，贝当为此还发布了正式的表彰令。其实，戴高乐是受了重伤，在昏迷中被德军俘虏了。他曾经设法越狱，但没有成功，后被送到巴伐利亚的因戈尔施塔特惩罚营，过了两年零八个月的俘虏生活，算是“壮志未酬 ”。然而，他并没有虚度在俘虏营的时间，他做了大量的笔记，把对战略方面的心得体会记了下来。这为他的第一部政治、军事著作《敌人内部的倾轧》积累了基础材料。

1918 年 11 月 3 日，奥匈帝国宣布投降，11 月 11 日，德国军队放下了武器，德方代表前往巴黎东北的贡比涅森林，在法国福煦将军的行军火车上签署了停战协定。第一次世界大战宣告结束，戴高乐也从德国的俘虏营获释回国。戴高乐在四年对德战争当中，有一半以上的时间是在俘虏营中度过的，对于戴高乐这个血气方刚的爱国青年来说未免是一件憾事。不过，他在都奥蒙堡战役当中确曾表现得十分出色，他的团长布多尔上校竭力为他请功。1919 年 7 月，他获得了一枚最高荣誉骑士勋章。

1919 年 4 月，波兰军队开进白俄罗斯。戴高乐初到波兰，被派到波兰朗伯尔托夫军官训练学校担任教官，讲授战术学。不久戴高乐和波兰第五轻步兵团一起参加了反对苏维埃俄国的战争。

1919 年 10 月，戴高乐认识了未来的妻子伊冯娜・旺德鲁。伊冯娜比戴高乐小十岁，只有十九岁。旺德鲁一家世代居住在法国北方加莱地区，是饼干制造商，也是天主教家庭。戴高乐和伊冯娜相识还是经过了媒妁之言的，不过却一见钟情。那时由于戴高乐正在波兰服役，所以直到一年后才正式订婚。

苏波战争断断续续进行到 1921 年 3 月才结束，戴高乐奉调回国。同年 4 月 7 日，戴高乐和伊冯娜・旺德鲁在中莱地区圣母院举行了结婚仪式。婚后，他们生了三个孩子：儿子菲利浦，女儿伊丽莎白和安娜。1927 年，戴高乐被调到特里尔，为了军务将全家也带了过去。不料，不久后伊冯娜在一次车祸中受了轻伤，但生下了患有“唐氏综合征”的小女儿安娜，这是后来戴高乐最疼爱的一个孩子。

⊙军校毕业后，戴高乐在法国第三十三步兵团服役。

⊙ 1914 年 6 月 28 日，奥匈帝国皇储弗朗西斯·斐迪南大公及其夫人访问萨拉热窝，被一位塞尔维亚青年刺杀，由此引起了第一次世界大战。图为斐迪南大公及其夫人被刺杀前十分钟的留影。

⊙一战时期，身着戎装的青年军官戴高乐。

⊙奥地利军队的阅兵式。为谴责塞尔维亚人刺杀王位继承人斐迪南大公，奥地利对其邻国塞尔维亚宣战，从而点燃了第一次世界大战的导火索。

⊙一战中，德军炮兵在对比利时的进攻作战中。图中是一门 210 毫米口径的榴弹炮。

PATHÉ

⊙1914年8月，巴黎的民用汽车被军方征用，许多出租车被用来紧急运输部队开赴上前线。当时，法国和德国正在马恩河一线展开激战，法国夺得了战役的胜利，此役后来被称为「马恩河奇迹」。

⊙ 1914 年，乘出租车前往马恩河战役前线的法国士兵。在 1914 年 6 月–9 月之间进行的马恩河战役是西部前线战争的转折点。当时由三个军组成的德国北翼入侵军横扫法国南部，并直奔巴黎前进。法国军队在马恩河进行了英勇的抵抗，并有效地阻止了德国军队快速征服法国的脚步。当俄军即将突破法军的防线时，法国用了六百辆出租车及时地把六千名法国预备军运到了前线。这些预备军都身穿着过时的花式陆军服装，手戴白手套。到了 1915 年，他们的服装都改成了更安全的灰白色。

⊙巴黎军事总督约瑟夫·西蒙·加利埃尼将军提出进攻暴露的德军侧翼，这一战术是马恩河战役制胜的关键。

⊙1914年8月，在开往前线之前的一队法国士兵正在巴黎的大街上行进。整个欧洲大陆上的居民和士兵带着极大的信心和热情迎接战争的爆发。在二十世纪之初，外交上冒险边缘政策的实施和军备竞赛的开展，已经点燃了那些倾向于战争的国家的导火线。那些参战的年轻人，仍然把战争理想化成一次高尚的、塑造性格的经历。但是到了战争的末期，整个法国和欧洲的人民对这次战争有了清醒的认识。

⊙ 1914 年 8 月 20 日，德军越过默兹河，攻克法国边境外面的利尔市。图为被攻克的利尔市。

⊙ 1914 年 8 月，戴高乐所在的部队在默兹河一线阻击德军，戴高乐在这次战役中负了伤。

⊙ 1914 年 9 月 29 日，法军防守西线运河沿岸。

⊙ 1914 年，到达法国东北部兰斯火车站的第一批法军伤员。他们不知道下一步将前往哪里，并在附近的村庄已经见证了一些激烈的战斗。德国军队在 1914 年 9 月的进攻中，迅速占领了兰斯，并且在撤出兰斯后，仍然占领着周围的地区。在那里，他们连续四年一直断断续续地轰炸兰斯。到了 1914 年末，法国已有三十八万人失去了生命，六十万人受伤。

⊙ 1914 年 9 月，马恩河战役结束后，法军骑兵护卫队正在押送一队重要的德军俘虏。该战役是法军一战中为数不多的大胜仗之一。

⊙ 1914 年，第一次世界大战中的一处法军阵地，法国军官们像平时一样，在战壕里摆好餐桌，桌上铺上台布，甚至在桌上还插了一瓶鲜花，他们要享受战争间隙难得的轻松。这支讲究享受的军队，在与德国军队的对抗中，常常处于下风。

⊙一战中的法军前线总指挥霞飞将军（左）与法军参谋长福煦将军。

⊙ 1916 年，凡尔登战役中，驻守在凡尔登的一名法国士兵头戴防毒面具，以抵御毒气的袭击。

⊙ 1916 年，在凡尔登战壕中的法国士兵。这是一条法国的战壕。法军在凡尔登战役中表现出了非凡的勇气和忍耐力。

⊙法国士兵和临时制作的航空鱼雷。法军正在迅速发展专门用于沟壕战的武器，但其中许多都实效不大。

⊙数千被德军抓获的法军鲍斯军队士兵中的一部，在艰苦的持续十个月之久的凡尔登防卫战中，法军付出了超过三十六万人的代价。

⊙ 1918年，德国战败投降。图为战败的德国军队经过莱茵河回国。

⊙ 1919年，参加“停战日”庆祝的一个可怕的法国士兵。法国在战争期间动员参军的人数要比英国少，但是他们军队的伤亡达到百分之五十（大约四百二十万人，其中一百五十万人死亡）。

⊙战争结束后，戴高乐从德国俘虏营获释，然后返回法国。图为戴高乐在庭院里与三个兄弟合影。

⊙一战中，波兰完全落入同盟国之手。战后，毕苏茨基元帅成为波兰武装部队总司令和政府首脑。随后，波兰在协约国的支持下入侵乌克兰，波苏战争爆发。后来两国开始停战谈判。图为 1920 年 4 月，乌克兰领导人谢苗·彼得雷拉（左）和毕苏茨基元帅在前线附近的一列火车上。

⊙在波苏战争爆发的初期，波兰军队在协约国支持下占有一定优势。戴高乐即是作为波兰军队的援军和顾问，参与了对苏战争。1920 年 5 月 7 日，波兰军队一度进入乌克兰首府基辅，但很快便被苏军击退。

⊙新婚的戴高乐与妻子伊冯娜·旺德鲁。

⊙戴高乐与妻子在一起。戴高乐将军对他的妻子，如同对其他所有的妇女一样，总是彬彬有礼。

第三章
机械化战争的思想

1921年10月1日，戴高乐接到调令，到圣西尔军事学院担任战争史教员。次年十一月，他考进了高等军事学院。在两年的进修期间，戴高乐根据他在第一次世界大战中的实战经验，愈来愈推崇一种战术思想，他认为未来的战争必定是机械化的战争，其特点是依靠高度机动的地面部队主动进攻，而不是消极防御，所以应该发展坦克部队，提高部队的机械化程度和素质。

1925年10月，此时，戴高乐已经三十四岁了，已任法军总监和最高军事会议副主席的贝当元帅委任戴高乐为他的幕僚。戴高乐时来运转了，他的才干和主张得到了贝当的赞许和赏识。

1927年，当了十二年上尉的戴高乐被提升为少校，受令统率第十九轻步兵营，在摩泽尔河畔的特里尔驻防。这一年的四月，戴高乐在贝当的亲自陪同下，在高等军事学院做了三次演讲，已届中年的戴高乐第一次享受到这种殊荣。三次讲座的题目分别是《战争行动与领袖人物》《领袖人物的性格》和《威望》。这三次讲演稿被合编为《剑刃》一书。戴高乐正在按照领袖人物的标准塑造自己。

那几年，戴高乐为建立机械化常备军大声疾呼。他认为事情是明明白白的：德国从希特勒上台以来积极扩军备战，一旦羽翼丰满，就会首先扑向法国。此时，法国的军政要人们却迷恋着马奇诺防线固若金汤的神话。“举国上下都陷入了一种让人难以置信的麻痹状态，当局竟然从不号召采取必要行动。”戴高乐在《巴黎日报》《时代报》等报刊发表过不少文章，宣传建立机械化特种兵团的迫切性和必要性。但是，这类纸上谈兵不足以影响当局的决策。戴高乐深知自己不过是一个中级军官，成不了气候，他决心设法影响担负国防责任的政府。

1934年12月5日，戴高乐经人介绍，认识了前财政部长、国民议会议员保罗·雷诺。他向雷诺介绍了他关于建立机械化常备军的观点。雷诺完全赞同他的看法，1935年3月15日在议会辩论国防问题时他提出：法国必须建立素质极高的机械化特种兵团，其中包括六个第一线师，一个轻装备师、总后备队和后勤部队等。

雷诺建议，这些由正规军组成的机械化部队，最迟应在 1940 年 4 月 15 日以前实现。政府最终决定拿出一百四十亿法郎在四年内实行军队的机械化，增加现役军人数量。但是对彻底改善“法国安全的条件”，却仍然没有明确的观念，而且动作太慢，规模也太小，所以政府的计划仍不足以改变法军孱弱的现状。

⊙ 1921 年，几位老战士。法国总理（右）阿里斯蒂德·白里安同久经沙场的斐迪南·福煦（左），去查克斯城拜访英国首相戴维·劳合·乔治。希特勒形容劳合·乔治是一个“打赢了第一次世界大战的人”。

⊙ 1921 年 10 月，戴高乐开始在圣西尔军事学校教书。1924 年，他出版了第一部著作《敌人内部的倾轧》。这本书的出版，大大提高了他的声誉。

⊙ 1923 年，法国军队在鲁尔占领区的波克姆地区执勤。

⊙占领德国鲁尔山谷的法国士兵。由于德国迟迟没有支付《凡尔赛和约》中规定的赔款，1923 年，法国政府派兵占领了德国人口密集的工业区鲁尔，迫使德国服从条约中的规定。到 1925 年美国提出一个修改赔款的计划——道威斯计划，法国才从鲁尔撤兵。

⊙二十世纪二十年代，法国生产、装备波兰军队的雷诺 FT17 型侦察坦克。一战结束后，德国暗地里扩军备战，尤其对发展坦克装甲部队特别重视。戴高乐以其战略家的眼光，也敏锐地看出了坦克在未来战争中的主导作用，然而法国的领导人却对此麻木不仁。

⊙ 1925 年，在巴黎一家游乐场，人们在玩钓葡萄酒瓶的游戏。这种游戏当时刚刚走俏法国。

⊙ 1926 年，在法国戴维利海滩上，两个孩子各自驾驶自己的玩具汽车和玩具船展开了竞赛。戴维利是二十世纪二十年代非常时髦的度假胜地。很显然，这些孩子都来自富有的家庭。

⊙ 1927 年，任莱茵占领地区法军营长的戴高乐（前排左三）。

⊙ 1929 年，戴高乐夫妇在贝鲁特。

⊙ 1930 年，巴黎，“La Boule Blanche”里拥挤热闹的场面。如乔治·奥威尔在《巴黎和伦敦城内外》中所写的：“这里有许多愚蠢朋友的故事，以及一些老姑娘寻觅漂亮少年、寻觅偷窃和勒索刺激的故事。”

⊙阿里斯蒂德·白里安曾十一次担任法国总理，十七次担任外交部长。他于 1926 年获得诺贝尔和平奖。他的名言是：只要我担任外交部长，大炮就去它的吧！这种典型的绥靖主义思想，在战后的法国非常流行。一战的胜利，使人们沉浸在盲目的乐观主义中，而忽视了战败的德国正在为发动下一场战争磨刀霍霍。法国人很快就为自己的松懈吃了苦头。

⊙一战结束后举行的巴黎和会，三十二个同盟国与战败的德国签订了《凡尔赛和约》，作为对德国的惩罚之一，决定将阿尔萨斯和洛林归还法国。德国对此耿耿于怀，积蓄再三，终于挑起了第二次世界大战。

⊙1933年1月30日，希特勒当上德国总理时的留影。希特勒上台后，纳粹德国加快了扩军备战的步伐。

⊙ 1935 年，面对德国国内军国主义情绪和军事实力的增强，协约国方面步步退让，希望换得和平。然而，希特勒却并未停止其穷兵黩武的脚步。图为希特勒率部进入协约国退还给德国的萨尔地区。

⊙希特勒上台后，纳粹德国加快了扩军备战的步伐。德军于 1936 年 3 月进占莱茵非军事区，1938 年 2 月吞并奥地利，1939 年 3 月侵吞捷克斯洛伐克。

⊙1937年，在『巴黎停战日』游行中的法国孩子们。第一次世界大战的经历使法国人民遭受了巨大的苦难。除此之外，在一战和二战期间，他们也经历了由全国不稳定的政治局势引起的危机。国家明显地分成了两派——左派和右派。每一派都想同另一派战斗，而不是同法国边界上的敌人战斗。两派的软弱政党结构、政治上的无责任感和极端主义，导致了大量派系的产生和一系列短暂的政府。在1918年到1940年之间，法国经历了四十五个政府的统治，出现了二十个不同的总统。

第四章 早期抵抗法西斯

1938年3月，希特勒吞并了奥地利。9月29日，希特勒、里宾特洛甫、墨索里尼、齐亚诺、张伯伦、达拉第举行会谈，签订了出卖捷克斯洛伐克和通向战争的《慕尼黑协定》，希特勒的要求全部得到了满足，但他仍在几个月后吞并了整个捷克斯洛伐克。1939年9月，德国的部队跨过波兰边界。9月3日，英国和法国被迫向德国宣战，第二次世界大战开始。

德军踏进波兰领土的第二天，戴高乐被任命为第五军团装甲兵司令。1940年4月，德军登陆挪威，迅速进入奥斯陆等重要城市，并开进丹麦。5月10日，德军侵入荷兰、比利时、卢森堡。法英派出的部队虽然同比利时军队一起进行了抵抗，但德军仍攻下比利时的防御要塞。5月12日，德军在色当越过了马斯河。

色当的陷落使全世界感到震惊。就在绝望的情绪弥漫时，戴高乐挺身而出。5月17日至30日，戴高乐在拉昂（今法国东北部埃纳省首府）东北和北面的塞尔河谷组织了出色的防守和反击。戴高乐使德军付出了惨重的代价，但是戴高乐一个人的胜利对整个战局又有什么影响呢？为了保存实力，5月26日，四十万英法联军开始了“敦刻尔克大撤退”。5月28日，比利时国王宣布投降。这两大事件使战局跌到了谷底，法国北部军队，包括戴高乐在内的军队也被迫撤退了。

不幸的是，在危急关头法国政府内部出现了分歧。曾与戴高乐有过师友之谊的内阁副总理贝当，已堕落为彻底的失败主义者、十足的投降派。财政部长保罗·雷诺出面组织政府。雷诺是一个“主战派”，他没有忘记戴高乐。因为在头几个月，戴高乐还曾同雷诺讨论过时局，并写了备忘录，向政府八十位军政要人再次陈述，从空中和陆地两个方面加强机械化部队建设的意见。在6月4日德国法西斯军队已开始大举向法国进攻时，终于任命五十岁的戴高乐为国防部次长，这是他首次担任政府职务。

为了争取英国的支持，戴高乐决定带着雷诺的指示，亲自去伦敦会见丘吉尔。丘吉尔的前几次会谈都预感到法国的沦亡是不可避免的。就连雷诺也心情沉重、吞吞吐吐地表示，在万般无奈的情况下，法国也许不得不走和谈这条路。

6月9日，戴高乐飞往伦敦。丘吉尔很快在唐宁街10号接见了戴高乐。这是他们的第一次直接晤面。会见后，戴高乐对丘吉尔的第一印象是好的。但是在涉及问题本身时，因为丘吉尔断定法国输定了，法国本土不可能重建防线，所以他断然拒绝派空军支援。

戴高乐从英国回来后，政府已不能在首都有所作为了。巴黎失陷的前一天，丘吉尔来到图尔，他只能做一番道义上支持的姿态。内阁阁员则当着丘吉尔的面向雷诺报告：法军已精疲力尽，全线摧枯拉朽般地垮掉了，陷于极度混乱之中。因此，除请求停战之外别无他途。丘吉尔这次来法国还有一个目的：说服法国千万不要让军舰落在德国人手里。当丘吉尔离开会议厅、穿过通向庭院的过厅时，他看见戴高乐冷峻地、毫无表情地站在门口。在相互致意后，丘吉尔用法语低声地念叨了一声“应运而生的人”，便匆匆离去了。

巴黎于6月14日被德军占领，戴高乐向雷诺建议，为了摆脱失败主义者的包围，挽救危亡局势，必须把政府迁往阿尔及尔，在那里领导反抗希特勒的战争。戴高乐在取得雷诺的同意后立即动身去伦敦，要求英国协助解决政府迁往北非的运输问题。6月16日黎明时分，戴高乐到达伦敦，在取得英国政府同意在运输方面协助法国军队撤往北非之后，他赞成了英法联盟的想法。

戴高乐给雷诺打了电话，说当天晚上将有重要消息通知他，请他务必不要使法国内阁会议轻易作出和谈的决定。但是当晚九时半，戴高乐在波尔多机场着陆时，前来迎接戴高乐的助手颓丧地告诉他：内阁会议开过了，雷诺已经辞职，菲利浦·贝当受命组织政府。

第二天，贝当即向德国乞和。

⊙ 1938 年 9 月，英国首相张伯伦（前左一）、法国总理达拉第（前左二）在美国的支持下，同德国希特勒（前左三）、意大利墨索里尼（前右二），在德国慕尼黑举行会议，签署了臭名昭著的《慕尼黑协定》。

⊙ 1939 年 4 月，希特勒在他的生日阅兵式上检阅军队，此时第二次世界大战的爆发已迫在眉睫。

⊙《慕尼黑协定》签署五天后，希特勒即派兵进入苏台德区。图为 1939 年 4 月 6 日，希特勒（前）在捷克斯洛伐克的布尔诺城。

⊙ 1939 年 9 月 1 日清晨，德国下令进攻波兰。希特勒与他的德国将军们，目送纳粹军队向波兰进发。

⊙德国侵略军在波兰领土上推进。

⊙德国士兵拆除德波边界上的栏杆，从此开始大举进攻波兰。

⊙ 1939 年 9 月，德国入侵波兰。图为波兰骑兵奋起迎击德国军队。

⊙巴黎各家报纸都刊登了第二次世界大战爆发的消息。

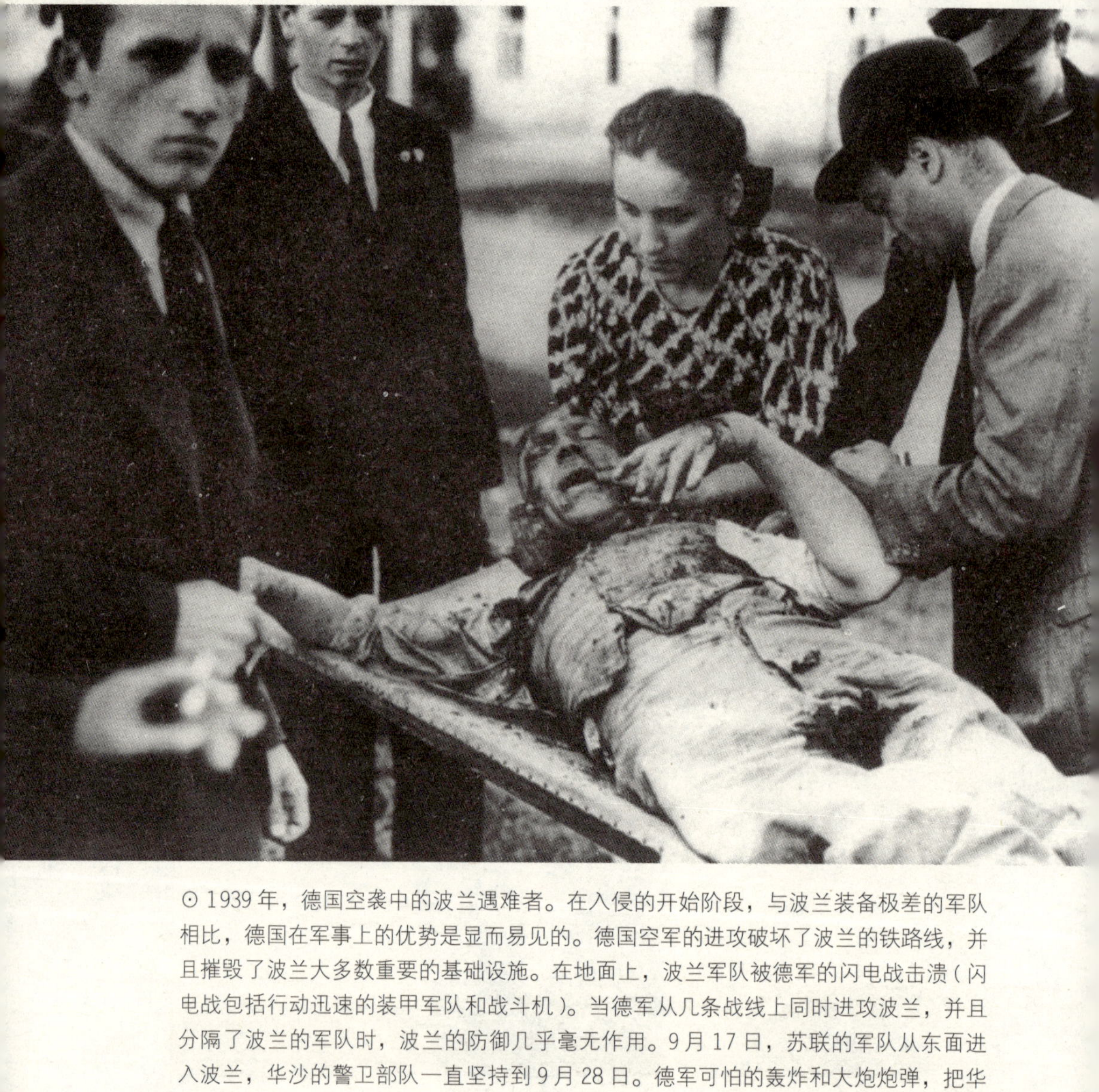

⊙ 1939 年，德国空袭中的波兰遇难者。在入侵的开始阶段，与波兰装备极差的军队相比，德国在军事上的优势是显而易见的。德国空军的进攻破坏了波兰的铁路线，并且摧毁了波兰大多数重要的基础设施。在地面上，波兰军队被德军的闪电战击溃（闪电战包括行动迅速的装甲军队和战斗机）。当德军从几条战线上同时进攻波兰，并且分隔了波兰的军队时，波兰的防御几乎毫无作用。9 月 17 日，苏联的军队从东面进入波兰，华沙的警卫部队一直坚持到 9 月 28 日。德军可怕的轰炸和大炮炮弹，把华沙炸成了废墟。一个星期后，第二次世界大战的第一次战役结束，同时，波兰被德国和苏联瓜分。

⊙德军占领波兰后，将华沙的犹太人赶出家门。

⊙ 1939 年，德国占领波兰后，把手无寸铁的华沙市民们驱赶到一起。

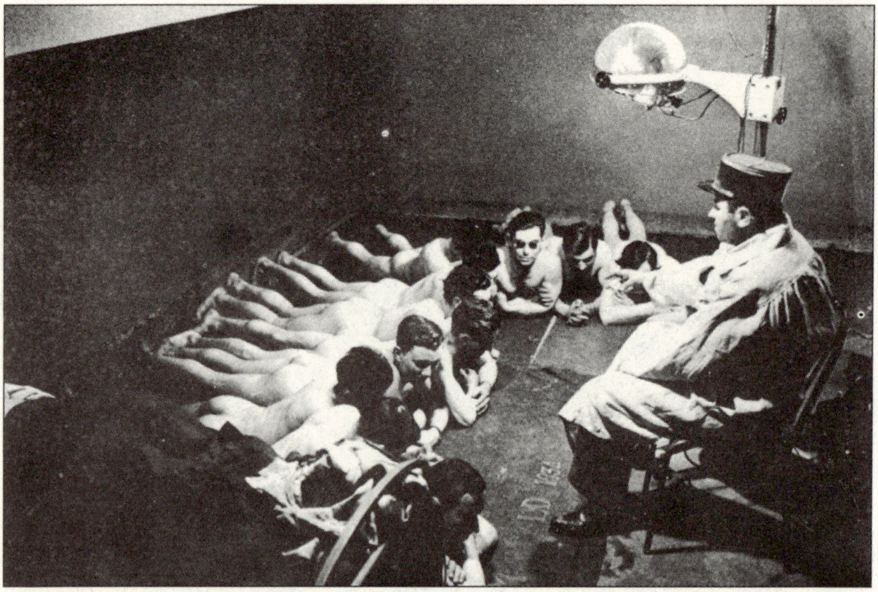

⊙当德国军队以高速机动的装甲部队闪电般地横扫欧洲时，法国人却对自己的马奇诺防线充满了自豪。法国人认为，这是一道固若金汤的防线，任何军队都不可能轻易突破。图为驻守在马奇诺防线地下工事里的法军士兵，由于长期不见阳光，正由军医监督照耀日光灯以资弥补。

⊙ 1939 年，在街头报栏前阅读战争消息的法国人，他们的眼中流露出深深的忧虑。

⊙在德军对荷兰发起闪电战时，法国政府和军队一片混乱和恐慌，戴高乐在仓促中奉命指挥第四装甲师迎战德军。但此时，这个法国的新编坦克师还没有调集完毕，戴高乐只能边作战边调集军队，给攻势迅猛的德军以迎头痛击。图为 1939 年，时任法国第五军装甲部队指挥官的戴高乐与法国总统勒布伦交谈。

⊙1940年，法国军队在对德军作战时缴获的战利品。1940年，法国军事领导人还曾盲目乐观地声称，法国拥有欧洲最强大的军队，能够调动大约五百万受过训练的人。他们也对法国的防御堡垒马奇诺防线充满了信心。但结果却是，德军于6月5日向法国发起全线进攻，仅九天后，巴黎即告陷落。

⊙ 1940 年，维希政府时期的法国卖国总理皮埃尔·赖伐尔与亨利·菲利浦·贝当将军，把原法国的“自由、平等、博爱”的口号更改为“劳动、家庭、祖国”。

⊙ 1940 年 5 月 14 日，德军攻占荷兰鹿特丹港。

⊙ 1940 年 5 月 17 日，德军占领比利时首都布鲁塞尔。

⊙ 1940 年 5 月 19 日，七十三岁的魏刚将军成为法国陆海空三军司令。但他并没有担负起抵抗纳粹德国的重任，当戴高乐向他发出抵抗德国人入侵的呼吁时，这位老迈昏聩的一战英雄、二战中的投降派，却向维希政府建议缺席判处戴高乐死刑。

⊙ 1940 年 5 月，德军对荷兰发起进攻，仅五天时间，荷兰就宣布投降。5 月 28 日，比利时也宣告战败。德军的进攻势如破竹，法国面临灭顶之灾。图为德军进攻荷兰的一个火车站。

⊙ 1940 年 5 月 22 日，英法联军约四十个师被包围在比法边境的敦刻尔克地区。幸运的是，三十多万英法军队从敦刻尔克安全地撤到了英国，为后来的反攻保留了有生力量。

⊙德国军队焚毁了法国的一个村镇。

⊙ 1940 年 6 月 5 日，德军全线入侵法国。

⊙ 1940 年，法国军队和救援工人在德国的“闪电空袭”留下的废墟中搜寻遇害者。

⊙ 1940 年 6 月 14 日，一面纳粹“卐”字旗在巴黎飘扬，这象征着希特勒的部队占领了这座城市。

⊙ 1940 年 6 月 14 日，巴黎沦陷，德军的骑兵趾高气扬地通过了凯旋门。

⊙敦刻尔克灾难。在盟军撤退时，法国驱逐舰“狂风号”在敦刻尔克附近海滩沉没。这种满载士兵的舰船，成为德军飞机极易捕捉的“猎物”。

⊙法国第一次世界大战中的英雄、法国陆军元帅贝当，在德国军队进攻法国的六周后，即与德国占领军的元首握手乞降，他的行为使他被钉在了历史的耻辱柱上。

⊙ 1940 年 6 月 22 日，在法国贡比涅森林中的一块小小的空地上，法国代表和德国最高统帅部参谋长在停战协定上签字。这个地方，就是 1918 年 11 月 11 日，德意志帝国向法国及其盟国投降的地方。纳粹德国觉得为一战的失败报了一箭之仇，而法兰西人民则被软弱的政府出卖，从而蒙受了巨大的屈辱。

⊙ 1940 年 8 月，希特勒征服法国两个月后，德军在巴黎列队沿香榭丽舍大道向凯旋门行进。

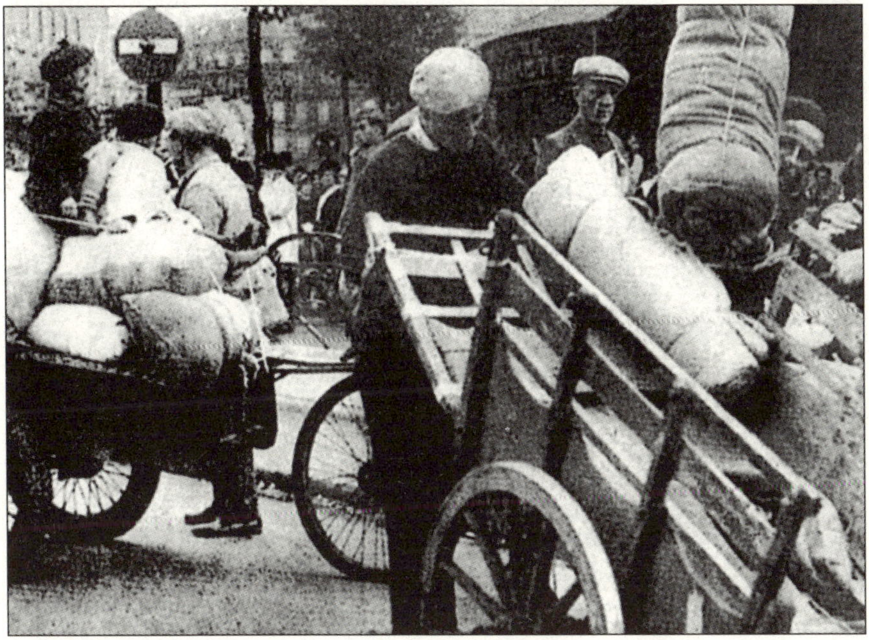

⊙ 1940 年 8 月，外省的法国人纷纷逃到巴黎来躲避战争带来的灾难。

⊙法国沦陷后，巴黎的许多十字路口都装上了德语交通标志，并标明军事总部和供应中心的位置。

⊙巴黎沦陷后，戴高乐承认，1940年的战争也许已经打输了。但他又说，仍然有可能打赢另一场战争。当法国的贝当政府屈服于希特勒的淫威时，戴高乐决心抵抗到底，直至取得胜利，将法西斯赶出法国，恢复法兰西的独立和自由。

第五章 应运而生的领袖

戴高乐看到大势已去，决定马上离开法国。他决心战斗下去，但是法国本土根本无法立足了。

1940年6月17日上午九时，戴高乐偕妻子、女儿飞往伦敦 。戴高乐到达伦敦后立即同丘吉尔会晤，戴高乐提出，只要贝当一公开宣布投降，他就通过英国广播电台向全世界宣告：自由的法兰西将继续战斗。于是，6月18日下午六时，戴高乐坐在英国广播电台的播音室里，向全世界，也向沦亡的法国，发表了具有历史意义的演说。

他说：“我，戴高乐将军，我现在在伦敦。我向目前正在英国领土上和将来可能来到英国领土上持有武器，或没有武器的法国官兵发出号召，向目前正在英国领土上和将来可能来到英国领土上的一切军火工厂的工程师和技术工人发出号召，请你们和我取得联系 。无论发生什么情况，法兰西抵抗的火焰决不应该熄灭，也决不会熄灭！”

就这样，戴高乐在海峡彼岸的伦敦，树起了第一面法国反抗德国法西斯的旗帜。

英国政府6月23日就发表了公告：不再承认贝当“政府”是法国的政府。6月28日，英国政府正式宣告：英国认为，戴高乐将军是世界各地的自由法国人的领袖，英国会为前来投奔戴高乐的人员提供方便。虽然，英国的支持是为了自身利益，但对于势单力孤的戴高乐来说已非同小可。

募兵工作虽然不如想象中那样一帆风顺，但到了7月14日法国国庆日那天，第一支“自由法国”的队伍组织起来了。这一天，戴高乐在白厅广场检阅了他的战士。检阅完毕，他向第一次世界大战盟军司令、法国的福煦元帅雕像献了红、白、蓝三色花束。同时，确定“洛林十字”为自由法国武装的标记。一个星期后，第一批戴高乐的空军部队对鲁尔区进行了轰炸。到了七月底，戴高乐已经动员了七千之众。八月，戴高乐在泰晤士河畔的圣史蒂文大厦安置了自己的办公室，自由法兰西政府初具规模。

8月7日，丘吉尔—戴高乐协议向全世界发表，协议载明戴高乐是自由法国武装力量的最高统帅。但协议中埋下了戴高乐和丘吉尔的争端，因为协议写明，戴高乐也要听取英国统帅部的一般指示。而且协议也没有按照戴高乐的要求，明确英国要对恢复法兰西共和国的疆界做出保证。戴高乐由此感到不能完全依靠英国，他必须去寻找更广阔、更坚实的基地。

西非的情况对戴高乐要有利得多，八月底，乍得、喀麦隆、刚果、乌班吉先后通电支持戴高乐。为了迅速确立自由法国在非洲的影响，戴高乐于八月底至11月25日亲自到西非开展工作。第一站是塞内加尔。戴高乐乘坐“韦斯特兰号”于8月31日从利物浦出发，丘吉尔派了英国舰队协助，英国的斯皮尔斯将军作为丘吉尔的联络员和戴高乐同往。英国对戴高乐的非洲计划极感兴趣，因为它的成功必将对英属西非产生很大影响。但是戴高乐远征塞内加尔的计划没有成功，因为在他动身时，贝当政府已派出了一支强大的舰队自土伦出发，穿过直布罗陀海峡，先于戴高乐到达达喀尔。戴高乐决定继续驶向达喀尔，强行登陆。但是，由于遇上了大雾弥漫的天气，英国舰队无法顺利行动，岸上的炮击也使舰队不能迫近。戴高乐受挫后，即驶向喀麦隆、乍得、刚果。

九月下旬，法国驻印度支那总督乔治·卡特鲁将军，赶到拉密堡与戴高乐会合，表示接受戴高乐的领导。卡特鲁的军衔本来在戴高乐之上，但他甘愿居于戴高乐麾下，这件事大大提高了戴高乐的声威。

10月24日，戴高乐到达布拉柴维尔。这时，“自由法国防务委员会”的人选已经就绪了。

到了1941年9月21日，他所领导的第一任自由法国全国委员会，像一个政府那样堂而皇之地组织起来了。委员会主席戴高乐是政府首脑，各个委员则相当于各部部长。年过半百的戴高乐，总算真正有了为法兰西的独立事业施展才干的广阔天地，他的抱负、理想和韬略才真正插上了翅膀。

⊙1940年6月18日，戴高乐将军通过BBC发表广播讲话，号召法国人民团结抗敌。这是演讲结束后，走出BBC广播大楼的戴高乐将军。

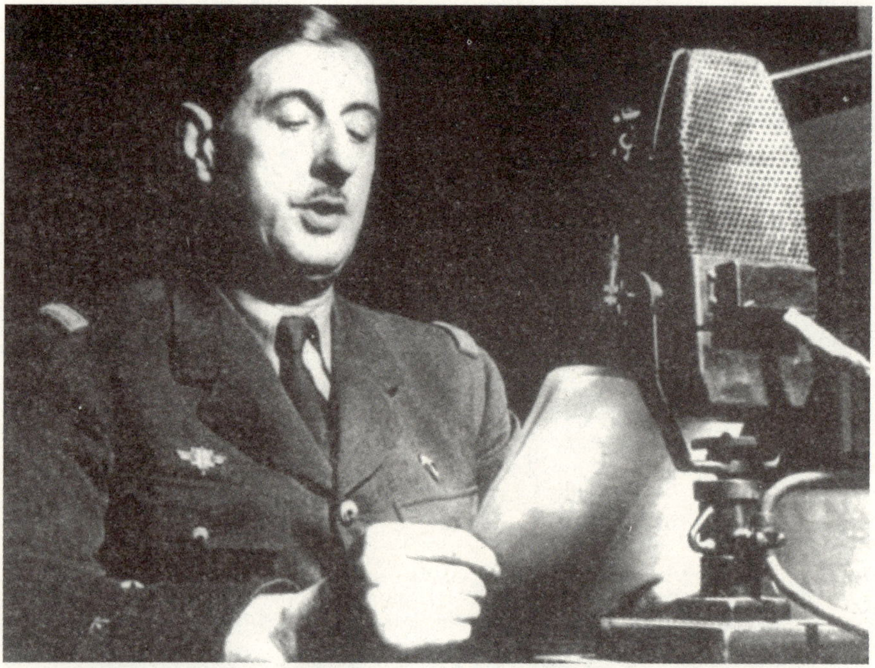

⊙ 1940 年 6 月 18 日，戴高乐将军在伦敦发表讲话，号召法国人民继续抗击德军。

⊙ 1940 年 6 月，逃到英国的法国军人，在伦敦积极报名加入戴高乐领导的“自由法国”军队。

⊙法国沦陷后，维希傀儡政府的首脑贝当。

⊙ 1940 年 6 月，巴黎的一个骑手在后背上贴了一个巨大的“洛林十字”。这是自由法国武装反抗德国侵略者的标志。

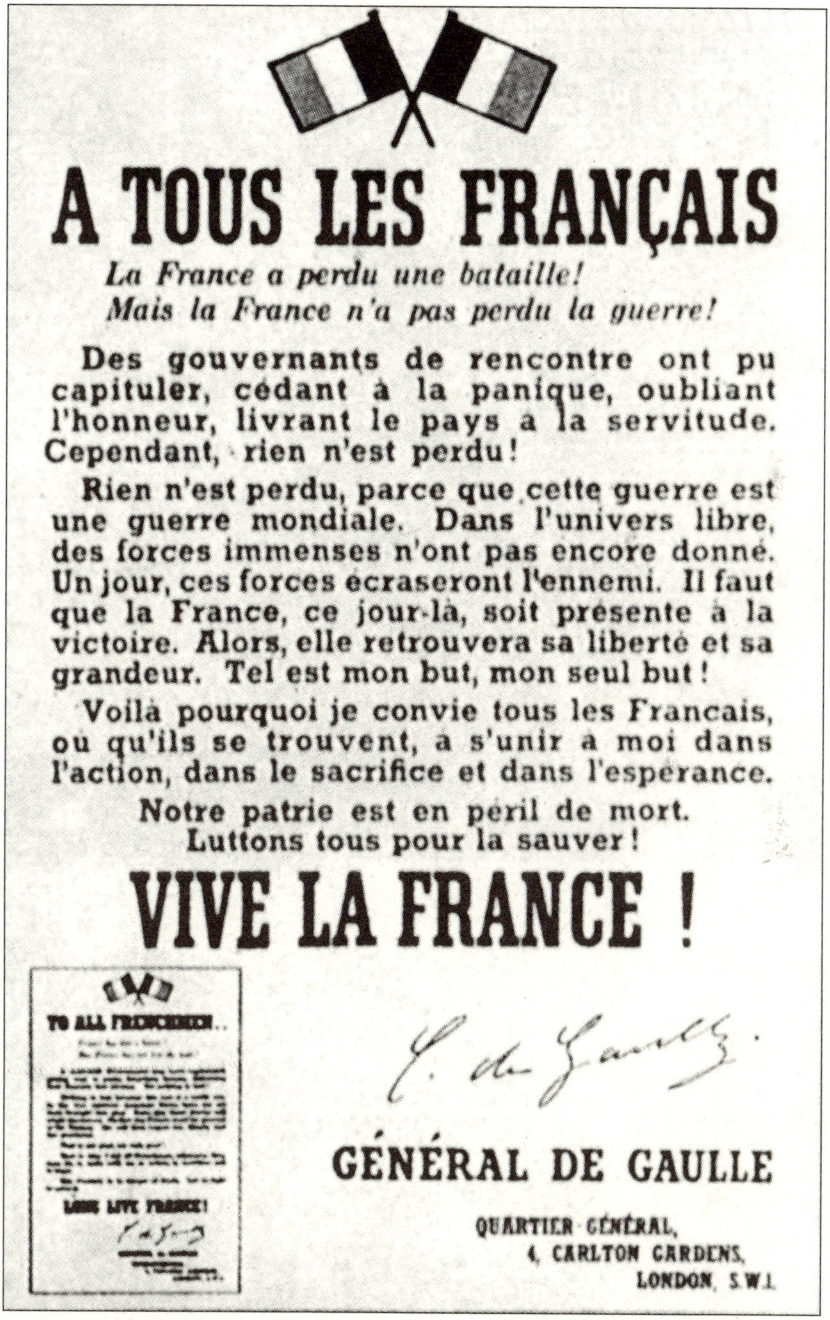

A TOUS LES FRANÇAIS

La France a perdu une bataille!
Mais la France n'a pas perdu la guerre!

Des gouvernants de rencontre ont pu capituler, cédant à la panique, oubliant l'honneur, livrant le pays à la servitude. Cependant, rien n'est perdu!

Rien n'est perdu, parce que cette guerre est une guerre mondiale. Dans l'univers libre, des forces immenses n'ont pas encore donné. Un jour, ces forces écraseront l'ennemi. Il faut que la France, ce jour-là, soit présente à la victoire. Alors, elle retrouvera sa liberté et sa grandeur. Tel est mon but, mon seul but!

Voilà pourquoi je convie tous les Francais, où qu'ils se trouvent, à s'unir à moi dans l'action, dans le sacrifice et dans l'espérance.

Notre patrie est en péril de mort.
Luttons tous pour la sauver!

VIVE LA FRANCE !

C. de Gaulle

GÉNÉRAL DE GAULLE

QUARTIER GÉNÉRAL,
4, CARLTON GARDENS,
LONDON, S.W.1.

⊙戴高乐将军在伦敦发表的《告法国人民书》，宣布将为维护法国的民族独立继续战斗。

⊙ 1940 年 6 月，戴高乐将军在攻克巴士底狱一百五十一周年纪念日上，在伦敦检阅法国义勇军士兵。

⊙ 1940 年 6 月 14 日，德军侵占巴黎后，法国的抵抗战士在铁轨旁埋设地雷，破坏德国军队的交通运输设施。

⊙ 1940 年 7 月，戴高乐在伦敦视察了刚刚组建的自由法国军队。在这些士兵中，有戴高乐的儿子菲利浦（右二）。

⊙戴高乐倡议成立并领导的“自由法国全国委员会”的成立，是对维希政权投降叛国行为的一种回击。委员会作为抵抗纳粹德国的领导机构，得到了越来越多的法国人民的支持和拥护。

⊙ 1940 年夏季，自由法国军队的统帅戴高乐将军。

⊙戴高乐将军。

第六章
在英美的缝隙中艰难求生

1940年7月3日，英国海军没有征求戴高乐的意见，突然袭击了停泊在朴茨茅斯和普利茅斯的法国维希政权的舰队，缴获了舰艇若干艘，小型舰只二百艘。丘吉尔说，如果这些舰队落在德国人手里，必会加重对英国的威胁。同一天，英国还炸毁了停在米尔斯克比尔海军基地的法国战列舰“布列塔尼号”。但是，戴高乐却觉得，英国此举包含某种无法明说的动机。

一件突如其来的事情，差一点使戴高乐同英国政府反目。英国怀疑，自由法国驻英最高司令爱米尔·米塞利埃海军中将跟贝当伪政权勾勾搭搭，丘吉尔鉴于事情的严重性，在报请内阁批准后，下令逮捕了米塞利埃。戴高乐认为英方手里的情报很值得怀疑，而且事前不打招呼就逮捕了一名法国的海军中将，起码是粗暴无礼的。戴高乐决定亲自到伦敦警察厅去看望被囚禁者。根据米塞利埃将军提供的线索，确信是英国情报机关捏造。

1月8日，戴高乐召见英国的斯皮尔斯将军，强烈要求在二十四小时内释放米塞利埃并赔礼道歉，否则，自由法国就和英国“断绝关系”。第二天，丘吉尔和艾登在唐宁街10号会见戴高乐时正式表示歉意，并立即释放了米塞利埃。

实际上，不仅英国丘吉尔，美国罗斯福甚至也完全不承认戴高乐。即使丘吉尔进行解释，也不能说服罗斯福。美国人支持吉罗，但是吉罗在戴高乐坚韧不拔的意志面前，实际上只能步步退让。只是吉罗背后站着罗斯福，不会轻易就范，还需要一步一步地来。戴高乐决定对罗斯福的干预不予理睬。

戴高乐需要美国和英国的帮助，但是决不因此仰人鼻息，他顶住了罗斯福和丘吉尔的种种压力和干预。丘吉尔与罗斯福不同，他不像罗斯福那样对维希政权抱有幻想。当他看到戴高乐不可能就范，法国已经坚实地站立起来了，丘吉尔不可能想不到，日后他还必须和这位刚愎自用的将军打交道。丘吉尔说服了艾森豪威尔，两人一起向罗斯福陈词：盟国必须承认戴高乐领导的法兰西民族解放委员会。但是，问题并未解决，法国仍然不能与盟国平起平坐。

从各方面的态势来看，1944 年将是一个决胜之年；对于法兰西民族来说，也将是从德国法西斯侵略魔爪下光复的一年。戴高乐决心让由他领导的武装力量，在解放法国的战役中发挥最大的威力。9 月 18 日，戴高乐和吉罗签发了一项备忘录，分送给美、英、苏三大国，坚持法国军队一定要参加地中海沿岸的战役以及未来横渡英吉利海峡的战役。另一份备忘录则提出，盟军解放法国时应该与法国建立行政机构合作。戴高乐担心会被盟国排斥在解放后的法国政府之外，从而沦为盟国的附庸。

十一月底，罗斯福、丘吉尔和斯大林三巨头第一次在德黑兰会晤，当然没有戴高乐的份。三巨头讨论了法国的未来，也议论了戴高乐。斯大林说，戴高乐只能代表一个神话中的法国，真正的法国是贝当代表的，它帮助了轴心国，所以法国应该受到惩罚，它的殖民地也不应该再还给它。罗斯福说，战后，印度支那不应该再回到法国，像达喀尔、新喀里多尼亚等战略要塞，都应该实行国际管制，战后的法国也不应该再是个大国了。丘吉尔的态度却有所不同，他说，不管怎么样，“自由世界”需要有一个繁荣的法国。

1944 年 1 月 12 日，丘吉尔和戴高乐在阿尔及尔见面。在谈话中，戴高乐向丘吉尔表示，他强烈反对罗斯福的计划，他指出，战时法国既然已经在北非站住了脚跟，它也必定会胜利地返回法国。谈话后的第二天，戴高乐邀请丘吉尔检阅了他统率的军队。队伍接受检阅时，群情激动，热烈欢呼。戴高乐蔑视罗斯福的说法，1 月 30 日在布拉柴维尔召开了非洲领地会议，戴高乐发表讲话，指出法国的事务将只能由法国自己来决定，法国将独立行使自己的主权。戴高乐还规划了未来包括法属殖民地在内的所谓“法兰西联盟”。

3 月 21 日，戴高乐发布命令，宣告称：一旦法国本土有足够的领土获得解放，法兰西民族解放委员会就立即迁回法国，行使其职权。3 月 27 日，戴高乐明确表示：民族解放委员会将成为法国的临时政府；在它恢复民主的进程中，临时政府“绝对地”只听取“民族意愿”的意见，凡属“不是来自法兰西民族的任何教训”，一概不予理睬。4月8日，戴高乐自任法国武装力量的统帅，吉罗被委以总监。吉罗拒绝了这个荣誉职位，宁愿退休。这一切都使罗斯福非常恼火，但他毫无办法。

横渡英吉利海峡的诺曼底登陆战役即将开始，丘吉尔邀请戴高乐到英国来。丘吉尔建议戴高乐到华盛顿去见一见罗斯福，还说罗斯福对于戴高乐排斥吉罗一直很有意见。戴高乐说，目前他所想到的只是解放法国的战争，对会见罗斯福完全没有兴趣。法国的事情只有法国人自己来管，无须美国和英国插手。

这一次，戴高乐还会晤了盟军统帅艾森豪威尔。艾森豪威尔向他介绍了渡海作战的准备情况，他表示：盟军一旦登陆后，艾森豪威尔发表一个讲话，建议戴高乐也对法国人民说几句话。艾森豪威尔的讲稿只字不提戴高乐和战斗法国，戴高乐立刻表示不满，坚决拒绝在艾森豪威尔之后讲话。戴高乐同丘吉尔和艾森豪威尔的这两次谈话，气氛都十分紧张。

但是，6月6日盟军在诺曼底登陆后，戴高乐还是通过伦敦广播电台发表了简短的讲话：“最崇高的战斗开始了！”“法国的战役打响了。在全国、在帝国、在军队里，只有一个共同的意志，一个共同的期望。”诺曼底登陆后，戴高乐从伦敦又回到阿尔及尔。在此期间，戴高乐于7月6日访问了华盛顿，同罗斯福进行了三次礼貌但是极不愉快的谈话。罗斯福认为，未来世界秩序的基石将是美、英、苏、中四大国，而法国自从1940年6月崩溃以后，就永远失去了大国的地位。戴高乐不能同意罗斯福的看法。不过，戴高乐离开华盛顿以后，美国国务院于7月12日发表一项声明，表示美国政府确认法兰西民族解放委员会，有资格在解放后的法国行使行政管理的权力。这毕竟是美国人明确承认戴高乐的官方声明。

⊙法国向希特勒投降后，担任海军总司令的达尔朗将军（右）与维希政府首脑贝当在一起。达尔朗曾向英国首相丘吉尔承诺，法国海军决不会为德军所用。但英国人并没有相信他。

⊙ 1940 年夏，英法战舰停泊在亚历山大港。法国沦陷后，丘吉尔最担心的问题之一就是法国舰队的命运。1940 年 7 月，丘吉尔毅然决定摧毁或夺取法国舰队，并于 7 月 3 日突袭了法国在朴茨茅斯和普利茅斯的法国舰队。

⊙ 1940 年 7 月 3 日，停泊在英国港口的法国战舰被扣押。这是英国首相丘吉尔对付维希政府武器政策的一部分，因为这些武器可能被德国军队使用，共有五十九艘主要的战舰和大批的海军小船被扣押。

⊙ 1940 年 7 月 12 日，英国舰队向停靠在阿尔及利亚港口的一支法国海军舰队发起进攻。

⊙英国攻击法国战舰的故事，并没有随着1940年7月3日的战斗而结束。在1940年9月，英国皇家海军又攻击了一支法国海军舰队。像许多其他的客轮一样，作为军用船的塔克纳客轮在达卡港口受到攻击后，开始燃起了大火。

⊙停泊在港口的法国四艘战列舰：“敦刻尔克”号、“普罗旺斯”号、“斯特拉斯堡”号和“布列塔尼”号。1940年7月，遭英军轰炸后，“敦刻尔克”号搁浅，“普罗旺斯”号冲上了沙滩，“斯特拉斯堡”号被击伤。

⊙ 1940年9月，戴高乐和英国联络官爱德华·斯皮尔斯乘荷兰船前往法属西非的达喀尔。

⊙法国沦陷后，戴高乐建立了自己的武装，他把注意力转向了非洲，准备在反攻时将北非作为解放欧洲大陆的跳板。图为戴高乐在北非时与其追随者在一起。

⊙ 1940 年 10 月 23 日，戴高乐试图将法属非洲殖民地的法国军队整合到自己的旗下，组成抵抗德国法西斯的统一战线。图为他到达班吉时，受到当地总督的欢迎。

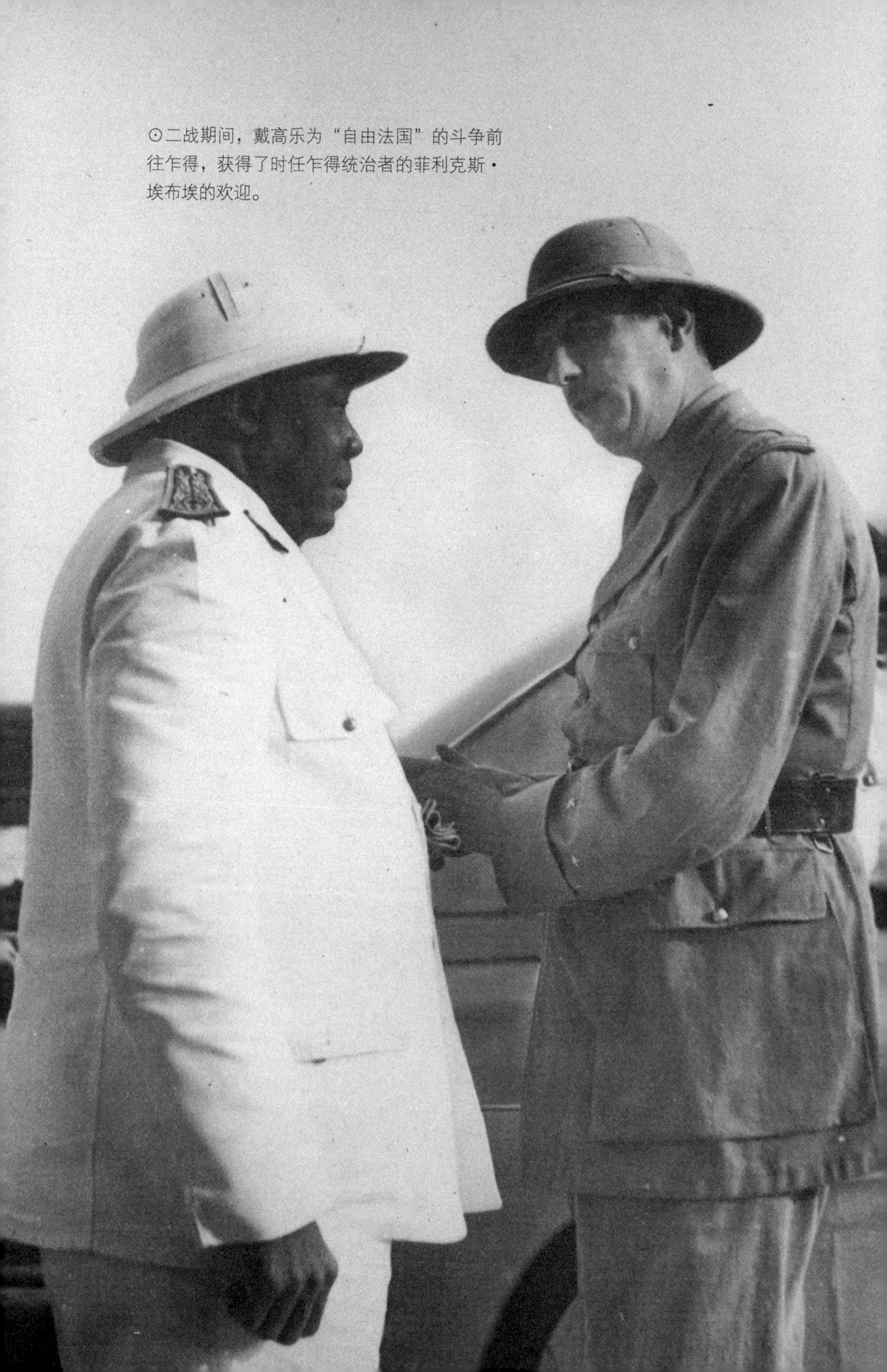

⊙二战期间，戴高乐为“自由法国”的斗争前往乍得，获得了时任乍得统治者的菲利克斯·埃布埃的欢迎。

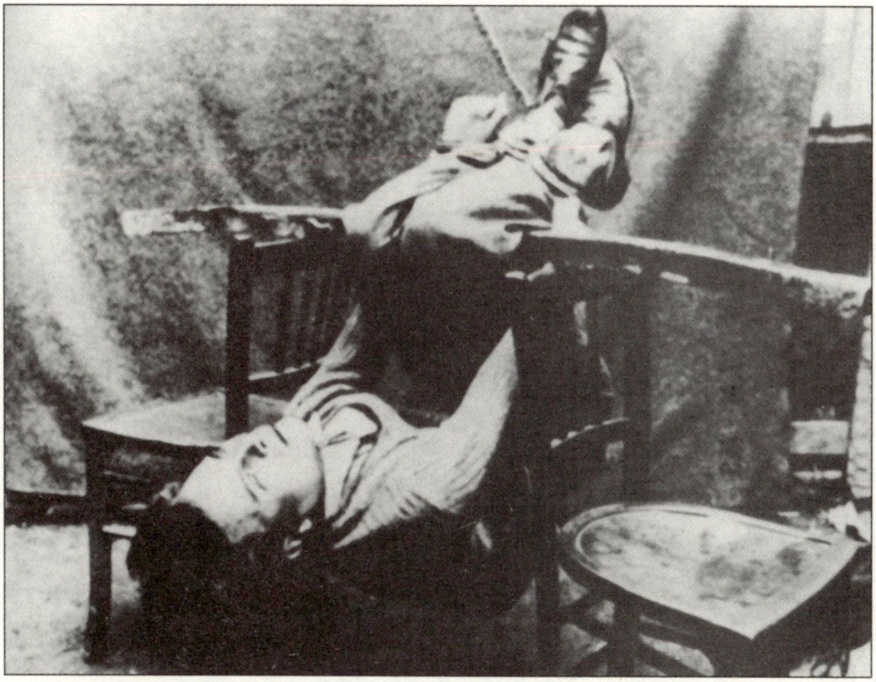

⊙在盖世太保的刑讯室，一个法国抵抗运动战士遭到了严刑拷打。

⊙占领法国的德国士兵，正在火车站上检查法国乘客的证件。

⊙ 1941 年 2 月，法国北部早已沦入德军之手，法方将法军军团旗帜全部运往阿尔及利亚收藏，一名法国人在押运旗帜队列经过马赛时不禁怆然涕下。

⊙1941 年 3 月，丘吉尔陪“自由法国”领袖戴高乐在英国检阅一支法国坦克部队。丘吉尔对戴高乐采取了又扶又压的政策，他一方面感到戴高乐是真正能领导和重振法国的领袖人物，但另一方面又对他的强硬感到忧虑，因为这将妨碍英国的利益。

⊙戴高乐在伦敦成立法兰西民族解放委员会，代行临时政府职能。

⊙法国抵抗运动的英雄人物让·穆兰，在他的推动及基层人员的支援下，法国地下抵抗运动组织统一成了一个整体。当德国人进入沙特尔城时，穆兰正在埃尔－罗伯尔任省长，他表现了“卓越的坚定和高贵的品质”。法西斯将他关进监狱，可最后还是将他释放，并向他表示歉意。1943年，让·穆兰因叛徒出卖而被捕，最后英勇牺牲。

⊙戴高乐与『自由法国』的战士们交谈。夏尔·戴高乐将军建立的自由法国部队，最初由受英国资助的七千名流亡的法国志愿者组成。1942年，在战斗法国的新名称下，得到来自法国殖民地士兵的增援，该组织发展成拥有四十万名官兵的军队。

⊙ 1942年4月6日，戴高乐与美国大使在斯特拉斯堡。

⊙ 1942 年，戴高乐的第一轻装甲师在北非和隆美尔的交战中取得胜利。六月初，这支部队一度被德军包围在比尔哈亥依木地区，但法军在恶劣的条件下拒绝了敌人的几次劝降，最终突出了重围。

⊙ 1942 年 7 月，德国法西斯正在枪杀一名面带微笑的法国抵抗组织成员。1942 年，戴高乐把“自由法国”改名为“战斗法国”，从此赢得了法国内外抵抗组织和人民的支持。

⊙ 1942 年，戴高乐将军。

⊙ 1943 年 1 月，戴高乐视察法国舰队。

⊙在 1943 年 1 月举行的卡萨布兰卡会议上，吉罗（左）最初得到罗斯福总统的支持，丘吉尔则支持戴高乐。

⊙ 1943 年 2 月，戴高乐和丘吉尔视察训练中的法军。

⊙ 1943 年 6 月，戴高乐在阿尔及尔与吉罗经过一场复杂的政治斗争，终于确立了领袖地位。

⊙ 1943 年 5 月，盟军取得了北非战役的胜利，上万名德国和意大利士兵在北非战役结束后向盟军投降。图中，他们正涌入突尼斯以西的一个战俘营。

⊙法国人和当地的突尼斯人聚集在一个十字路口，一致打出“V”字型手势，欢迎盟军的到来。

⊙ 1943 年 7 月 10 日，一支庞大的盟军舰队（三千多艘军舰和运输舰）准备发起西西里岛登陆战役。图为盟军登陆舰正在北非港口装载军用物资，准备进攻西西里。

⊙艾森豪威尔在诺曼底登陆战役的前线，与蒙哥马利一起商讨作战计划。

⊙美国士兵乘坐着一艘登陆船，正在靠近一处有重兵防御的诺曼底海滩。

⊙ 1944 年 6 月 6 日，盟军发起诺曼底登陆战役，法国很快就获得全境的解放。图为盟军后勤人员和补给品不断运至奥马哈滩头，以支援盟军的登陆作战行动。

⊙ 1944 年 6 月 6 日，盟军发起了诺曼底登陆战役，图为在犹他海滩几英里外，美国第四军的士兵正在炮击撤退的德军。

⊙ 1944 年 6 月 12 日，盟军从诺曼底向法国纵深挺进。

⊙ 1944 年 6 月 14 日，法国西北部小镇伊舍尼获得解放后，镇上一群兴高采烈的小姑娘，正期盼着戴高乐将军的到来。

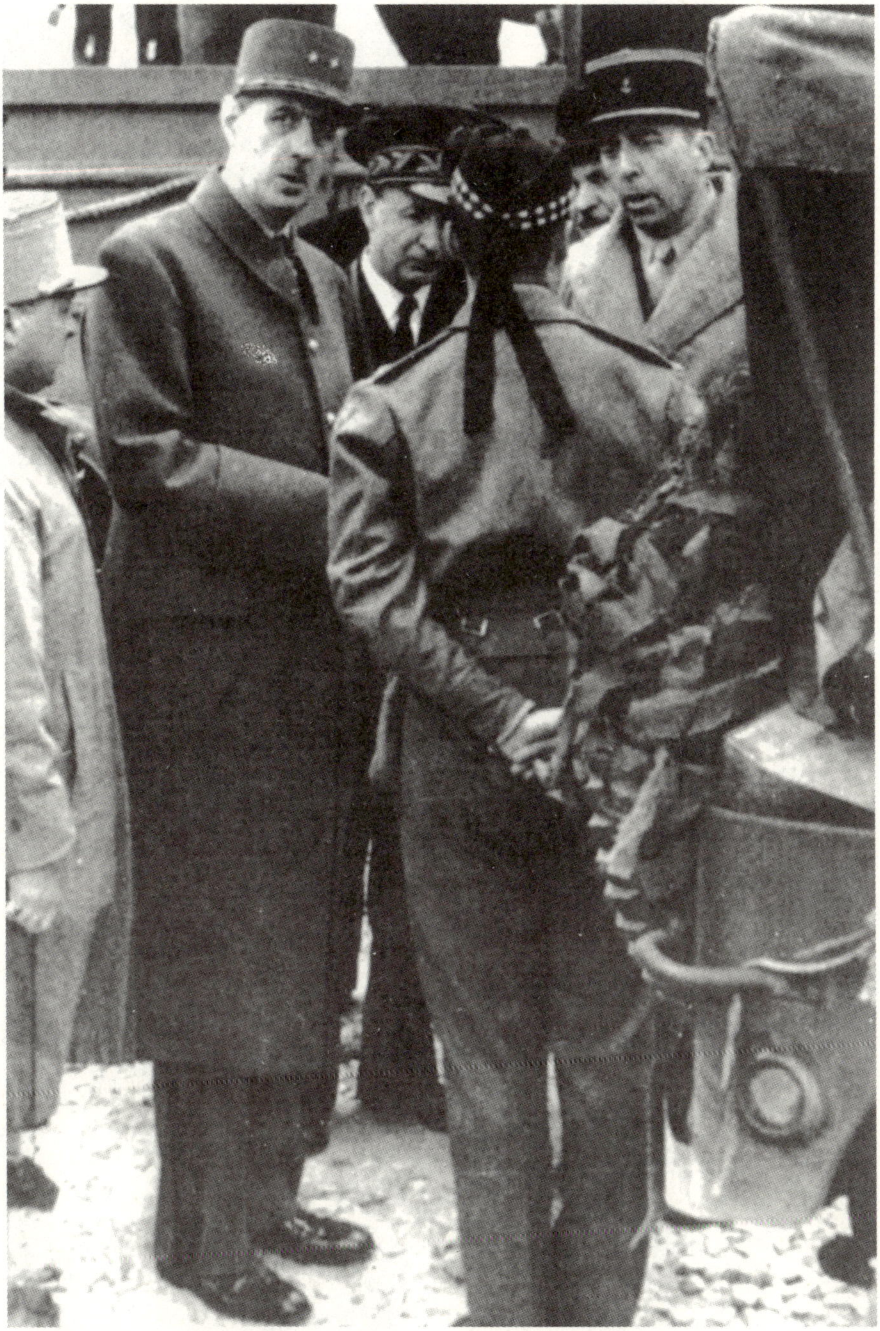

⊙ 1944 年 6 月 14 日，戴高乐将军到达法国。图为他与法、英军官在诺曼底滩头谈话。

⊙ 1944 年 6 月，戴高乐将军凯旋巴黎。

⊙ 1944 年 6 月，一名法国抵抗运动士兵在解放巴黎的战斗结束后，手握一挺捷克式冲锋枪，脸上挂着胜利的笑容。

⊙戴高乐将军。法国解放后，美、英政府没有正式承认戴高乐的政权，为此戴高乐再次出访美国。

⊙ 1944 年 6 月，在盟军取得诺曼底登陆战役胜利后不久，戴高乐将军于 7 月 6 日访问了美国。他试图说服罗斯福承认他所领导的法国政府。

⊙ 1944 年 7 月，罗斯福接见了来访的法国领袖戴高乐。经过磋商，1944 年 10 月 23 日，罗斯福正式承认了戴高乐领导的法兰西共和国临时政府。

第七章　凯旋门下的英雄

1944 年 7 月底，解放法国的战斗进入了新阶段。勒克莱尔将军率领的法国第二装甲师于八月初在诺曼底登陆，参加解放巴黎的战斗。8 月 18 日，戴高乐从阿尔及尔经直布罗陀回国，8 月 25 日下午，戴高乐从巴黎的奥尔良门进入市区，来到圣多明尼克大街陆军部旧址。四年前，戴高乐就是从这里撤离巴黎的，现在他又回来了。景物一切依旧，一切都非常熟悉，但是，巴黎已经经历了一场严峻的考验。

第二天下午，戴高乐来到凯旋门，成千上万的巴黎市民向他欢呼。这是他长久以来渴望的一刻，在少年时代就已梦想的一刻。戴高乐在凯旋的乐声中丝毫不怀疑，他亲手建立的自由法国、战斗法国、法兰西民族解放委员会，就是法兰西民族的代表，他应该是法兰西共和国的总统和缔造者。戴高乐在军队的将领们和抵抗运动领袖们的簇拥下，沿着香榭丽舍大街，步行前往协和广场。戴高乐以民族英雄和抗战领袖的身份凯旋归来。

然而，法国在国际舞台上仍然是个次要角色。法国未来的地位得听命于美、苏、英三大国的“恩赐 ”。罗斯福、斯大林、丘吉尔三巨头几次讨论战后欧洲事宜时，戴高乐都没有同等的权利。这是戴高乐绝对不能释然的。戴高乐的法国曾经被排除在从德黑兰到雅尔塔的所有大国会议的门外，战后所谓雅尔塔体制是在没有法国的参加下制定的，自命不凡的法国和其他国家一样，应该成为大国的小伙伴！戴高乐对此一直耿耿于怀，决心为恢复法国的大国地位而斗争。

戴高乐进入巴黎的第三天上午，就把抵抗运动的二十几位代表召集在一起。一来向大家表示祝贺，二来说明抵抗委员会已经完成了它的历史使命，现在巴黎解放了，临时政府马上就要从阿尔及尔迁回，所以今后的工作应该由临时政府统一领导，各方面的武装力量也不应再各成系统，统统编为由政府统帅和指挥的正规军。戴高乐的意思十分明白。他讲完以后没有给与会者留下发表意见的时间，便宣布散会，匆匆离去了。

11 月 13 日，立宪议会一致选举戴高乐为临时政府总理。戴高乐虽然取得了一致的拥护，但是，那只是因为他在当时是唯一能够支撑法国政局的人，他没有一个有组织的力量做他的坚强后盾。

戴高乐是政府总理，但是议会议长却是社会党人。这样的政体使戴高乐感到被捆住了手脚，他只有处理政府日常事务的执行权。在他的新政府中，不得不容纳四名共产党部长、四名社会党部长、四名共和党部长、一名激进党部长、两名无党派人士和两名抗战民主联盟部长。这自然不是戴高乐所喜欢的政府组成。

从伦敦宣布自由法国诞生起已经六年了，在这紧张的六年当中，戴高乐时而戎马倥偬，时而与盟国相冲突，无论多么繁忙，遇到何等尖锐的矛盾，他总是觉得命运在自己手里。但现在，他却感到眼前一片空白，他第一次感到应该休息一下了。1946 年 1 月 14 日，戴高乐向几位部长透露，他准备辞职。1 月 20 日，部长们应召而来，戴高乐跟每个人握手致意后，宣读了他准备好的辞职声明。

戴高乐辞职虽然不是出于本愿，却也有如释重负之感，他的辞职在国内外并没有引起多大波动。由于战前在科隆贝教堂置办的房产被战火破坏了，需要重修，戴高乐便暂时住在巴黎附近的马尔里。几个月后，全家才在科隆贝安顿下来。

在这里，戴高乐完成了一件大事，就是写完了战争回忆录，前后一共用了十多年时间。最后一卷《拯救》，是他十二年后重返政治舞台的时候才完稿的。

⊙具有传奇色彩的勒克莱尔将军（右）。他在法国陷落期间受伤，后来他从一个德国士兵那里借了一辆自行车逃走了。他很快就成了法国军事历史上一名伟大的指挥官。1944 年 8 月 23 日，他指挥的战斗法国第二装甲师解放了巴黎。

⊙1944年8月，勒克莱尔将军率领的第二法国装甲师，成为第一支进入巴黎的盟国军队。图为一名该部队的士兵押着一批德军士兵穿过凯旋门，三色旗再次飘扬在巴黎的上空。

⊙勒克莱尔将军指挥的法国第二装甲师的士兵。

⊙ 1944 年 8 月 15 日，美、英伞兵部队在法国南部空降。

⊙ 1944 年 8 月 17 日，法国第二装甲师的一辆反坦克装甲车，正向卢瓦尔河对岸的德军坦克开火。

⊙ 1944 年 8 月，法国群众兴高采烈地涌向街头欢迎美军。从长远来看，哪一支部队先进入巴黎并不重要。

⊙法国人民热烈欢迎盟军进入巴黎。

⊙盟军列队通过巴黎凯旋门。

⊙在距离犹他海岸两英里处的一个村庄里，一位年迈的法国老人正在欢迎一位美国军警光临她残存的居所中。

⊙ 1944 年 8 月，盟军进入巴黎后，法国抵抗组织成员在巴黎大街上进行警戒。

⊙ 1944 年 8 月，一群法国当地居民兴高采烈地押着一名德国战俘。这名战俘是党卫军成员，当德军从查德斯撤退时掉队。

⊙德军高级军官排着长队、高举双手，向法国人民投降。

⊙ 1944 年 8 月，一名德国战俘在押送吉普车的追赶下，匆匆地跑过法国多伦的一条大街，奔向俘虏营，路旁的群众怀着仇恨踢打他。

⊙ 1944 年 8 月 21 日，戴高乐和艾森豪威尔在法国美军总部。

⊙在胜利大阅兵开始之前，戴高乐（敬礼者）在勒克莱尔将军的陪同下检阅了法军第二装甲师。

⊙ 1944 年 8 月 23 日，巴黎解放，戴高乐将军重返故国。历经二战的磨难，法兰西终于回到了人民的怀抱。

⊙戴高乐在人民的欢呼和簇拥下进入巴黎，他和巴黎的群众一起走向凯旋门。

⊙戴高乐与法国抵抗运动的领袖乔治·皮杜尔等各界人士，在巴黎市民的簇拥下一同走在香榭丽舍大道上。

⊙ 1944 年 8 月 26 日，刚获解放的巴黎市民聚集在香榭丽舍大道边及沿街楼宇阳台上，热烈欢迎由自由法国军队与地下抵抗战士组成的胜利游行队伍。戴高乐将军正走在队伍前列举手致意。

⊙ 1944 年 8 月 26 日，在巴黎凯旋门下，戴高乐会见了法国抵抗组织的领导人。

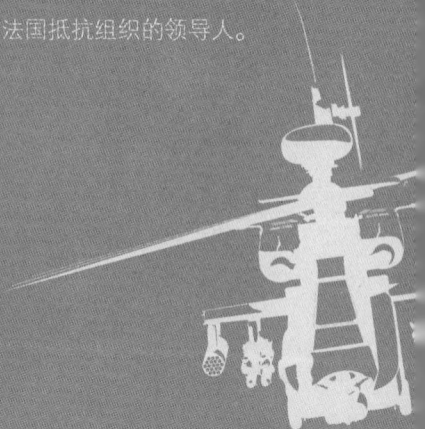

⊙戴高乐与法国抵抗运动的领袖乔治·皮杜尔在凯旋门前交谈。

⊙戴高乐与解放运动的老战士交谈。

⊙ 1944 年，戴高乐观看美法联合部队通过巴黎协和广场。

⊙法国勒恩市在 1944 年光复后，一名被斥为卖国贼的法国人被爱国之士当街痛殴。

⊙包括一位秃头在内的四位法国妇女被游行示众，被公众羞辱。她们被指控与德国军官通奸，刊登这类照片曾引起强烈的抗议，为此只得终止。

⊙ 1944 年夏，法国从德军占领下光复后，法国人的长期屈辱竟一下爆发成了对被斥为卖国贼的同胞的羞辱。本图即是夏特瑞城的一名法国“女奸”被剃光头后，抱着她和德兵所生的孩子游街示众。

⊙在清算日，一位法国妇女（黑衣）和一名男子（白衣），在当地法国抵抗组织成员前申辩自己无罪。有人指控这对夫妇是盖世太保的间谍，看来没人怜悯他们。

⊙算总账。一名法国年轻男子被查出犯有通敌叛国罪，处决前，他正被绑在极刑柱上 。

⊙ 1944 年 11 月，丘吉尔、戴高乐和艾登在巴黎出席休战纪念日庆祝活动。

⊙在被德国占领的欧洲，战争中长大的许多儿童，从来没有见过巧克力或任何孩子们通常喜欢的零食。当盟军解放了法国后，这个法国男孩刚刚从一个美国士兵那里得到了一些巧克力糖块，他正幸福地大口吃着。

⊙1944 年法国解放后，面临着许多困难。但是，在所有难题中，最使戴高乐头痛的是如何重振法国的经济。

⊙ 1945 年 11 月 13 日，戴高乐成为战后法国第一任总理，图为戴高乐内阁全体成员。

⊙看似悠闲的戴高乐。法国解放后，由于政治原因，戴高乐很快就辞去了政府领导职务。

⊙郁闷的英雄。1946 年，戴高乐将军的声望因政治因素而逐渐降低之后，他郁郁寡欢地在法国南部眺望着地中海沉思。

第八章 第五共和国的雏形

戴高乐保持了近半年的沉默后，1946 年 6 月 16 日，他就法国政局发言了。他选择第一个从希特勒占领下解放出来的城市贝叶，作为他发表这一重要演说的地点，这是别有寓意的。后来一提到“贝叶演说”，人们就立刻想到戴高乐辞职后的第一次公开声明。他认为，党派之争是法国政局动荡的根源。他指出，“行政权应该由超越各党派的国家元首授予政府”，国家元首由包括全体议员在内的范围更广泛的选举团选出，他“既是法兰西联邦的总统，又是共和国的总统”。国家元首的职责是负责任免人员，颁布法律，公布法令，主持政府会议，裁决意外的政治事件，在国家危急时刻保证国家的独立和批准法国签订的条约。戴高乐在“贝叶演说”中勾画出了他将来主持第五共和国时的政体。但是，这个时候没有人理会戴高乐的主张。

1947 年，戴高乐决定组建自己的政党。他甚至为这个政党起了名字：法国人民联盟。过了几天，法国人民联盟征集成员的消息不胫而走，联盟在巴黎的办公室整日应接不暇，不到一个月，就收到了约一百万份申请书。

在第四共和国整整十三年中，戴高乐一直在冷峻地观察着，他断定第四共和国必将在政党纷争中垮台。确实，第四共和国从诞生之日起就没有一天安定。内阁总理的职位，马不停蹄地从这一个政党转到另一个政党的手里。五十年代以后，法国的经济情况开始好转，走上了恢复和发展的轨道。可是政局却始终困顿不堪，印度支那的殖民战争已经把法国拖得精疲力竭。1954 年的奠边府战役促使法国政府加紧了议和的步伐，印度支那战争以法国的失败而告终。两年后，法国又投入了另一场殖民战争，这一次是在北非的阿尔及利亚。几届政府在阿尔及利亚战争面前都束手无策，走马灯似的上台下台。病入膏肓的第四共和国，根本看不到阿尔及利亚问题解决的希望。政界中要求戴高乐再度出山的呼声愈来愈高，局势需要一个铁腕人物。

在法国，从 1956 年 10 月苏伊士运河战争以来，很明显有两种政治力量反对第四共和国的政体。

第一种政治力量，主要是在阿尔及利亚有直接殖民利益的殖民者及其政治代表，殖民军队的头子也属于这一类。第二种政治力量，就是以法国人民联盟为代表的戴高乐主义者。这两种政治力量的共同点是，他们都认为，第四共和国没有能力解决阿尔及利亚问题，需要有一个铁腕人物扭转和掌握法国的政局。第一种政治力量的声势很大，但是没有有威望的领导人。于是，反对第四共和国政体的力量便都寄希望于戴高乐。

科蒂总统在不断倒台换届的内阁危机中想到了戴高乐，于 1958 年 5 月 5 日派人与戴高乐的手下私下会晤，试探戴高乐是否愿意受命组阁。戴高乐回答说："为时尚早。"同时他也让科蒂明白：他不愿意同现在的议会一起治国，他需要的是特别权力，以便在紧急情况发生时独自行使政府大权，作出决定。

5 月 13 日，阿尔及尔从清晨起气氛就格外紧张，月晕而风，预示着要发生一些异乎寻常的事情。殖民者中的极右团体以各种名目出现，招摇过市，准备借口三名法国士兵被杀指责法国无能，进而要求成立军人政府，示威者的行进目标是占领总督府。5 月 13 日刚过中午，商店就急急忙忙关上了大门，街上出奇地安静，不时走过一批一批人群。有的声嘶力竭地喊叫："法国的阿尔及利亚！""让军队执政！""科蒂辞职！""布尔吉巴是刽子手！""苏斯戴尔，苏斯戴尔！"偶尔也有人喊几声"戴高乐，戴高乐！"

大约下午六时，示威者逼近总督府，横冲直闯，很快占领了整个大楼。玻璃窗被砸碎，家具被捣毁，纸片横飞，一个半世纪的文书档案被扔得遍地都是……半个小时过去了，总督府一副遭劫的样子。混乱中，时时可闻火药爆炸的声音，警卫施放了催泪弹。混乱稍微平息了一些，殖民当局的军政要员聚在一起，成立了公共安全委员会。

当晚，这个委员会给戴高乐拍了一封电报，呼吁他"把民族的命运掌握在手里"。阿尔及尔的总督府门前，一直聚集着人群，等待着戴高乐的答复。

戴高乐这几天曾在巴黎逗留了片刻，有人劝他在阿尔及尔的示威活动正在势头的时候及时应命，只要他登高一呼，政权就可以到手。

5月15日，戴高乐决定打破沉默。下午五时，记者们在戴高乐巴黎的办公室里，听到了一个来自科隆贝的只有七行的简短声明。他说国运的衰微是民族灾难的根源，政党体制应该对这种局面负责，为了救亡图存，他已经做好了接管共和国权力的准备。“救亡图存”，戴高乐断定，对于法兰西民族来说，现在是另一个1940年6月。

戴高乐5月19日的记者招待会是在巴黎召开的。会见大厅里，新闻记者们熙熙攘攘，挤得水泄不通。塞纳河两岸布满宪警和士兵，遵照内政部长的命令，把招待会大厅严严实实地包围起来。但是，始终秩序井然，没有任何骚乱。戴高乐来到会场，除了他的侍卫官博纳瓦尔上校和一位司机以外，别无其他随从。当他看到政府竟动员了长龙般的装甲车时，不禁感到好笑，好像他带领一支突击队要夺取公共建筑物一样。

他表示，他已做好准备去恢复国家的权威和民族自信，这就是他所说的“掌握共和国权力”。最后，戴高乐说：“我现在还将回到我的村庄去，并且将在那里听候国家的调遣。”会后，戴高乐立刻返回科隆贝。5月23日，他致电萨朗将军，要求他派人到科隆贝来向他报告一下阿尔及利亚的情况。

5月26日，戴高乐秘密约见弗林姆兰总理。第二天，戴高乐发表声明，说他已经开始“为建立一个能确保国家的团结和独立的共和国政府而采取必要的正常程序”，因此，他不赞成任何危害公共秩序的行动。戴高乐在声明中还说：“我期望驻在阿尔及利亚的陆、海、空部队服从他们的首长萨朗将军、奥伯瓦努海军上校和儒奥将军的命令。”5月28日，萨朗的代表杜拉克将军来到科隆贝，向戴高乐报告阿尔及利亚的情况。杜拉克说，萨朗认为，如果戴高乐不尽快掌握政权，殖民军的最高司令部就无法阻止极右派军人率众向法国本土实行“复兴行动”。杜拉克回去后向萨朗做了汇报，萨朗立即通过广播说：他已经与戴高乐取得了联系，戴高乐切望目前不要采取任何“复兴行动”之类的举动，拟于5月30日发动的“复兴行动”暂时取消，决定待“伟大的夏尔”遇到困难时再举行。同一天，科蒂邀请戴高乐出面组阁。5月29日，科蒂把请戴高乐主持的组阁一事通知了国民议会和参议院。5月30日，弗林姆兰政府辞职。

戴高乐政府还是第四共和国宪法范围内的政府，所以从法律上讲，这才是真正的第四共和国最后一届政府，虽然戴高乐决意要彻底埋葬第四共和国，并着手做这方面的准备了。

6月1日，戴高乐在向议会提出施政纲领时，要求给予他解决阿尔及利亚时局的特别权力，授权他起草交由全民讨论的新宪法。戴高乐获得了三百二十九张赞成票，二百二十四张反对票，三十二张弃权票。戴高乐终于通过合法手段取得了解决阿尔及利亚问题的特别权力，而新宪法一旦为国人所接受，第四共和国就将寿终正寝，第五共和国便将应运而生。

戴高乐重返政坛后，立即着手三件大事：第一，起草一个加强总统职权的新宪法，以取代第四共和国宪法；第二，解决阿尔及利亚问题以及其他殖民地问题；第三，振兴法国经济。关于起草第五共和国宪法的工作，戴高乐指定由坚决拥护他的德勃雷主持。德勃雷组织了一个精干的起草小组，以“贝叶讲话”的精神为依据，动手草拟新宪法草案，准备在四个月内提交公民投票。

6月4日，戴高乐飞抵阿尔及尔，局势基本恢复了平静。戴高乐觉得，他必须尽快通过谈判实现停火，否则军方就会利用一切借口延长战争。戴高乐派人在瑞士与阿尔及利亚民族解放阵线进行秘密接触。后者坚持，谈判的结果必须是阿尔及利亚获得独立，而不仅仅是停战。

8月14日，新宪法草案即将公诸于世，准备9月28日议会暑假结束前的一个星期交付公民投票。如果新宪法获得多数通过，现在的国民议会就自然而然地宣布解散，新的选举便将举行。同一天，法国的“海外领地”也要举行公民投票，决定这些殖民地是在“法兰西共同体”内行使一定的自治权，还是完全脱离法国而独立。

戴高乐希望成立“法兰西共同体”，如果哪一个国家选择了独立，法国将和它断绝一切政治和经济联系。9月28日，新宪法草案交付公民投票，取得了占选票数79.2%的多数票。

“海外领地”的投票结果也是戴高乐期待的：除了几内亚以外，所有法属非洲殖民地都成为在“法兰西共和国”内享有一定自治权力的成员国。戴高乐对选择了独立道路的几内亚，采取了惩罚性的措施：停止一切援助，召回法国官员，搬走了法国所占有的装备，连电话机也拆了……然而，在民族解放日益觉醒高涨的时代，从1959年起，“法兰西共同体”的非洲成员国陆续取得独立。

在不可遏止的历史潮流面前，戴高乐只得接受现实。

⊙1946年，历经二战劫难的巴黎人充满了对美好、浪漫新生活的向往，争相用鲜花装扮自己的生活。图为乘坐火车的法国人带着买来的玫瑰花树。

⊙ 1948 年 5 月 1 日，戴高乐将军被他的崇拜者抬着，出现在巴黎市郊的一个集会上。

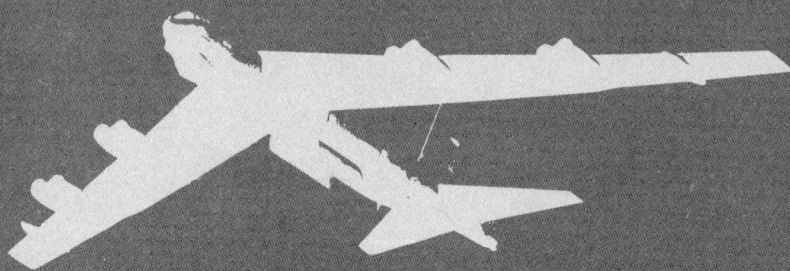

⊙ 1954 年，在奠边府受到攻击的法国军队。日本在第二次世界大战中占领了越南，并在 1949 年撤出。随后，法国又返回它以前的殖民地印度尼西亚，并建立了傀儡政府。由胡志明领导的越南共产党，组织越南人民反抗法国的统治，并在五十年代初发展成大规模的战斗。但是不久，法国的军队和设备就处于劣势，这引起了美国对法国军队的经济和军事援助。因为美国相信，越南的成功和东南亚的其他事件会引起共产党的大规模革命。到了 1954 年，美国政府承担了法国这次战争经费的 78%。胡志明的军队控制了大部分乡村地区，并经常突袭法军占领的大城市。1954 年春天，在日内瓦召开的国际会议，尽一切努力解决这次战争。

⊙ 1954 年，奠边府是法国军队的灾难所。1953 年，法国远征军已经占领了河内西北的奠边府——一条长达四百八十三公里的小谷，并且修建了无数的堡垒阻止越南军队从边界穿过。1954 年 3 月 13 日，越南军队向法国守备军队进攻，并且决定性地战胜了法国的殖民军。法国当局希望奠边府是法国证明他们决心控制殖民地的机会。在五十七天的战斗中，数量优势的越南军队包围了法国的守卫军。虽然双方的损失惨重，但是法国已不能从空中支援他们的部队了，因此法军投降。从起初的总共一万六千五百名法国士兵，到最后只有三千人幸存于奠边府战役。奠边府战役被描述为“每个小地方的地狱”。1954 年 5 月 7 日，法军的投降结束了法国在越南的殖民统治，并且导致了总理约瑟夫·兰尼尔在七月份的倒台。法国的失败，极大地巩固了日内瓦会议上越南代表的立场。最终，胡志明的军队控制了越南的北半部。

⊙ 1954 年 10 月，法国、英国、美国的外长和西德的总理康纳德·阿登纳就德意志联邦共和国未来的发展，在巴黎举行了一次历史性的会议。自从西德在 1949 年成立以来，阿登纳利用英、法、美害怕共产主义侵入西欧的心理，从西方占领机构那里获得了许多特许权。为了回报这些特权，他同意在一个西欧防御体系的框架内重新武装西德。在 1954 年 10 月的巴黎会议上，占领西德的规定结束，同时西德政府也被赋予北大西洋公约组织中的全部国家主权和成员国的关系。

⊙ 1958 年，戴高乐重返政坛。

⊙ 1958 年 5 月 13 日，约四万名阿尔及利亚的法国民族主义者在阿尔及尔集会反对法国承认阿尔及利亚独立，并发展为骚乱。他们占领了当地政府建筑物，并成立“公安委员会”。图为骚乱者们进攻政府大楼。

⊙ 1958 年 5 月 23 日，聚在阿尔及利亚政府大楼外的示威群众。四年后，戴高乐宣布阿尔及利亚独立。

⊙ 1958 年 6 月 1 日，戴高乐出任法兰西第四共和国最后一届内阁总理。

⊙ 1958 年 6 月 4 日，戴高乐出访阿尔及利亚，表示支持阿尔及利亚独立。

⊙由于阿尔及利亚长期以来都是法国的殖民地，因此在革命爆发之后，一些阿尔及利亚人仍然忠于法国，并组织自卫队阻挡反叛力量，为法国军队提供情报。

⊙ 1958 年 7 月，在戴高乐总统的号召下，法国军队采取“双筒望远镜行动”，以消灭阿尔及利亚全国解放阵线的一些基地。图为在卡比拉地区的行动中，当手下在休息和吃东西时，一位指挥官在打电话询问情况。

第九章
引导法国再创辉煌

1958年11月，举行新宪法通过后的议会选举，戴高乐的新共和联盟在五百三十六席中赢得了二百零六席。12月1日，由参众两院议员、省市议员、市长等组成的总统选举团选举第五共和国总统，戴高乐以多数票当选。

1959年1月8日，戴高乐驱车前往总统府就职。第五共和国的诞生，在法国战后历史上翻开了新的一页，它结束了动荡近十三年的第四共和国。虽然戴高乐于此时受命，但并不轻松。如果他不能在不太长的时期内实现政局的相对稳定，他仍然不可能站住脚。戴高乐是人心思定的时候重新上台的，他决心充分利用这一基本条件，大胆而又谨慎地踢出他的“头三脚”。戴高乐有了新宪法赋予他的自从1789年以来，或许只有拿破仑曾享受过的特殊权力。

戴高乐有意识地减少个人专断的色彩，有意识地树起了法国人民所一贯珍视的民主、自由和共和的旗帜，以使人们感到，戴高乐既是强有力的领袖，又是法国民主传统的继承人。

戴高乐迫在眉睫的事就是为枯竭的国库找到财源，而不能只靠滥发钞票。戴高乐为第五共和国规划了一个国家和私人投资并举，大幅度提高工农业生产，发展原子、航空、空间等尖端科技的经济振兴纲领，以使法国经济发展赶上“世纪的速度”，胜任“国际上的竞赛”。要实现政局稳定、经济繁荣，最关键的是必须结束阿尔及利亚战争。否则，一切就是一句空话。戴高乐决心要割掉这颗毒瘤，但又不是举手之劳那么简单。

1959年9月16日，戴高乐在电视广播演说中，第一次提出了在阿尔及利亚实行“自决”的问题。他说：“通过阿尔及利亚人自己的自由选择，来决定他们的前途是唯一应当采取的办法。”

1960年9月5日，戴高乐在记者招待会上进一步说：“阿尔及利亚人的阿尔及利亚正在发展中，它在前进着。这就是说，这是一个靠阿尔及利亚居民决定其命运的阿尔及利亚，一个由阿尔及利亚人管理自己事务的阿尔及利亚。”1961 年 3 月 30 日，法国政府和阿尔及利亚共和国临时政府同时宣布，双方将在法国埃维昂举行停战谈判。1962 年 3 月 18 日，双方达成停火协议；同年 7 月 1 日，阿尔及利亚在公民投票中以 99.7% 的绝对多数宣告独立。随后，法国政府承认阿尔及利亚共和国，两国建立了大使级外交关系。

解决了阿尔及利亚问题以后，戴高乐犹如卸掉了背上一只沉重的包袱，他可以在国际风云中放手为法国的世界大国地位进行搏斗了。戴高乐不甘心自己的祖国就这样黯淡无光，他不相信法兰西不能在世界上重放异彩。

戴高乐认为，法国必须制定独特的外交战略。他的宏图并不是要把法国从大西洋联盟中拉出来，而是要撤离美国指挥下的北大西洋公约军事一体化组织。法国要和东方集团，首先是和苏联建立一种“缓和、和解和合作”的关系；条件成熟时也同中华人民共和国建立正常关系，用强大的核力量把法国军队武装起来。

其中，最重要的是拥有法国独立的核力量，以及在大西洋联盟中争取与美国平起平坐的大国地位。戴高乐重掌政权后在马蒂尼翁大厦接待的第一个来客，是英国首相麦克米伦。因此，麦克米伦是第一个正式听到戴高乐亲口阐明法国立场的人。戴高乐对麦克米伦说，法国下决心制造自己的核武器，应该成立一个由西方主要国家分享控制权的原子武器小组，使用核武器的任何决定，法国都应有权参与。戴高乐还提出，北约组织也应该由美、英、法三国共同领导，而不是由美、英构成的“两头领导”来掌握北约的领导权。

1958 年 7 月 4 日，美国国务卿杜勒斯来到巴黎，他对戴高乐说，美国知道法国正在制造原子武器，与其法国花那么多钱自己去搞试验，不如由美国提供现成的原子武器，岂不是更好吗？戴高乐回答说，假如美国肯卖，法国当然愿意买。但问题是，美国能够答应这些武器一旦卖给法国，就完完全全、毫无限制地属于法国吗？戴高乐的反问切中要害，杜勒斯没有办法正面回答。因为美国根本就不打算帮助法国拥有原子武器，这是双方心里都清楚的。

戴高乐提出，北约联盟的领导权应该属于三个国家，否则，法国就不再为北约的发展负责，并根据条约第十二条保留对北约进行改造或退出的权利。美、英先后拒绝了戴高乐的建议。艾森豪威尔总统答复戴高乐说，美国承担的责任要比法国重得多，它要承担全球的责任；如果组成“三头领导体制”，又怎能说服北约其他成员国呢？艾森豪威尔提出的理由取得了其他成员国的支持。同年十二月，在北约部长理事会会议上，戴高乐的建议被否决。

1959 年 3 月，戴高乐下令收回法国地中海舰队的指挥权，从此这个舰队从北约撤出。六月，法国政府拒绝在法国领土上部署美国的核武器，除非这些武器的主权属于法国。9 月 2 日，戴高乐和艾森豪威尔在巴黎进行了一次“摊牌”式的会谈。戴高乐觉得，美国总统满脑子考虑的都是美苏关系问题，似乎宇宙万物都要围着它转。戴高乐告诉艾森豪威尔，法国也打算邀请赫鲁晓夫来访，打算在实现全欧和解之前先在各种实际领域里实现法苏合作。艾森豪威尔把美苏关系问题放在国际事务中的支配地位，戴高乐则强调欧洲，首先是法国的独特作用。戴高乐并不认为，只要美苏的问题解决了，其他问题就不在话下。

戴高乐还告诉艾森豪威尔，在两次世界大战中，美国和法国都是盟友。可是，法国不会忘记，在第一次世界大战期间，美国是在法国经受了三年濒于灭亡边缘的战争考验之后才参战的。第二次世界大战期间，美国也是在法国已被希特勒占领之后很久才卷进战争的。所以，一个国家可以“帮助”另一个国家，却不可能包办那个国家的事情。

关于原子弹，戴高乐说，法国只要有能够杀死敌人一次的原子弹就够了。

1960 年 3 月 23 日至 4 月 3 日，赫鲁晓夫应戴高乐的邀请正式访问法国。

从表面上看，戴高乐和赫鲁晓夫有不少共同语言。可事实上，赫鲁晓夫关于柏林问题的建议、苏联击落美国 U-2 间谍飞机以及柏林墙问题等，戴高乐都是坚定地同美国站在一起的。但是戴高乐在同苏联领导人会谈时，竟然大肆强调“从大西洋到乌拉尔的欧洲”。显然，美国无论如何都不属于欧洲的范围之内。

次年四月，戴高乐回访华盛顿。在抵达美国之前，戴高乐先来到加拿大。他对迪芬巴尔总理说，法国虽然是美国的盟友，但并不屈服于它的霸权。法国要把加拿大当作在美洲的好朋友，愿意增加法国在加拿大的工业、科技和文化方面的投资。他还说，法国将反对“把加拿大吞并的任何前景”。他还说，尽管大西洋条约把加拿大和某些核计划联结在一起，他依然希望加拿大也支持法国的计划，法国准备大大地密切同加拿大的关系。戴高乐在美国的大门外也这样说，这对美国无疑是一个刺激。

戴高乐于 1960 年 4 月 22 日到达华盛顿之后，他再次致函艾森豪威尔和麦克米伦，提议九月在百慕大举行美、英、法三国首脑高级会议，以讨论与建立三国合作体制的有关问题。九月初，戴高乐收到艾森豪威尔的一封长信，原则上同意举行高级会议，但逐一批驳了法国的论点，根本无意接受三国体制的建议，并建议高级会议推迟到十二月再举行。戴高乐从中再次看到英美“特殊关系”的作用。如果举行这样的会议，又有什么意义呢？戴高乐兴趣索然了。

1962 年 3 月，法国和阿尔及利亚民族解放阵线达成了停战协定。戴高乐可以轻装前进了。这一年的 10 月 28 日，戴高乐在公民投票中，又取得了一次胜利。戴高乐作为共和国总统，将向全国公民负责，而不只是向一个由参众两院、省市议会组成的选举团负责了。戴高乐作为总统的权威性进一步提高，起码在选举方式上体现出总统是超党派和超议会的领袖。1963 年 1 月，法国否决了英国参加欧洲经济共同体的第一次申请。戴高乐对英国毫不留情，他否决了麦克米伦政府的第一次申请，四年以后又否决了威尔逊政府的第二次申请。戴高乐一方面排斥英国，另一方面则争取联邦德国。

1958年9月，即戴高乐重新上台不到四个月，戴高乐和阿登纳在朗布伊埃开始构筑法德联盟的大厦。此后，法德两国领导人频繁互访，书信往返，直到1963年初，戴高乐和阿登纳在巴黎签订了全面合作的法德条约。

1966年2月21日，戴高乐在记者招待会上进一步明确提出，法国将从北约军事组织中撤出。3月7日，戴高乐给美国总统约翰逊写信，同时也给英国首相威尔逊、联邦德国总统艾哈德和意大利总统发了内容相同的信。信中提出，法国政府决定在本土充分行使主权，将不再参加北约“联合”司令部，因此也不再向北约提供部队。四天后，法国外交部把上述决定以照会形式正式通知了北约的十四个成员国。

美国曾经试图争取把北约两个司令部总部迁出法国的时限宽限一年，但未获批准。法美关系的温度大降，法苏关系的温度则相应地大为上升。法苏关系以戴高乐正式访苏为契机达到了“高潮”。法国决定断绝同北约军事组织的联系三个多月后，戴高乐于6月21日至7月1日在苏联受到了盛大的欢迎和极高的礼遇。

1966年，可以算是第五共和国外交史上的里程碑，它使大西洋联盟绽开了一道深深的裂缝。

戴高乐在科隆贝隐居的时候，就读过在第四共和国期间当过总理的富尔写的一本中国访问记：《蛇与龟》富尔在书中提出，法国应该和中国建立外交关系。当中法交往日见频繁、建立正常关系的条件日趋成熟的时候，戴高乐想起了《蛇与龟》的作者。

1963年9月的一天，戴高乐夫妇邀请富尔夫妇共进午餐。席间，戴高乐要求富尔以法国总统代表的名义再去一次中国。富尔动身前拿到了戴高乐致中国领导人的一封信，富尔充当了名副其实的总统信使。富尔夫妇在北京会见了毛泽东主席和周恩来总理，进行了富有积极意义的谈话，这时中法建交的工作差不多已准备就绪。

当然，戴高乐也没有忽视广大的亚非拉地区。戴高乐1958年重掌政权后，曾经有过一个短期的“法兰西共同体”阶段：除了几内亚在公民投票中投反对票宣布独立以外，其余法属殖民地都成为“法兰西共同体”的成员国，享有除国防、外交以外的一定自治权。随着民族解放运动的持续发展，所谓法属非洲国家都在1959年后陆续宣布独立，“法兰西共同体”也就结束了。从此，法国便通过各种双边或多边条约，发展同这些国家的关系，同它们保持政治、经济、文化，以至军事上的联系。

拉丁美洲号称美国的“后院”，但法国也曾经在这个地区有过自己的影响。戴高乐于1964年3月15日至24日访问了墨西哥和法国在西半球的领地。同年9月20日至10月16日又用了约一个月的时间访问了南美十国，加强了法国同这个地区的经济和文化联系。

戴高乐自创建第五共和国以来，一直把主要精力集中于法国的外交事务。他不仅是杰出的外交家，而且是外交战略家。他为维护法兰西民族独立而表现出来的不妥协精神，为法国赢得了国际声誉和地位，并为它在东西方关系中争得了较大的活动余地。以奉行独立政策为基本特征的“戴高乐主义”，不仅在法国延续下去，而且越过边界，对西欧产生了强大影响。

当戴高乐向美国的权威挑战时，法国似乎只是一马当先，北约内的一些西欧国家还奉行不得不附和美国的调子，甚至对戴高乐持某种批评态度。但是，没有多久，戴高乐主义的精神就产生了很大的感染力。

⊙ 1958 年 12 月 11 日，戴高乐当选法兰西第五共和国首任总统。图为戴高乐与其前任科蒂握手。

⊙ 1959 年 6 月，新就职的法国总统夏尔・戴高乐对意大利进行了国事访问，他在米兰参加了一次盛大的军事检阅。

⊙ 1960 年，在阿尔及利亚人民中间的戴高乐。

⊙ 1960 年，法国总统戴高乐访问英国时，看望英军一些退役的二战时期的老兵。

⊙ 1960 年，等待戴高乐总统来访的阿尔及利亚人民。1960 年 12 月 9 日，随着法国政府宣布一个月内解决阿尔及利亚问题，戴高乐总统开始访问这个法属殖民地。他通过赋予阿尔及利亚的穆斯林人与法国本土居民享有的同等权利，并为他们提供更好的学校和社会服务，来试图缓解阿尔及利亚人民的反法情绪。然而，戴高乐并没有受到当地法国和其他欧洲居民的热情欢迎，有几个城镇甚至爆发了严重的暴乱。

⊙1960年，法国的殖民地阿尔及利亚再起风波。法国派遣了五十万军队去镇压阿尔及利亚的起义，但是法国内部对待战争有不同的看法。自1958年戴高乐重返政治舞台后，他开始逐步削弱国内对殖民地事务上的强硬军方力量，逐渐顺应民族独立的历史潮流，准备与阿尔及利亚和解。图为冲突中的法国军队和阿尔及利亚人民。

⊙ 1960 年，与阿尔及利亚独立运动集会人群关系紧张的法国警察。1954 年，由法国国家解放阵线领导的一次穆斯林独立运动开始起义反抗法国在阿尔及利亚的统治。到五十年代末期，阿尔及利亚的法国军队总司令指挥着一场与法国国家解放阵线进行的邪恶战争。在法国，所有解决阿尔及利亚问题的企图都失败了。1958 年，戴高乐接受第五共和国第一任总统的职务，并且决心结束在这个殖民地的战争，即承认阿尔及利亚独立。

⊙ 1960 年，在阿尔及利亚的欧洲居民对戴高乐将军的阿尔及利亚政策感到的不安与日俱增，他们认为戴高乐要将阿尔及利亚交给穆斯林来统治，两年前欢呼过戴高乐重返法国政坛的人们，如今都在呼喊反对戴高乐的口号，他们酝酿了一场暴乱。戴高乐命令法国驻阿尔及利亚军队总司令夏尔将军恢复秩序，伞兵包围了筑垒防守的叛乱者。至 2 月初，僵持状态结束，叛乱被瓦解，暴动者投降，其中许多人被捕。图为暴乱分子从车中分发煽动暴乱的宣传品（右图），并与警察对峙（左图）。

⊙ 1960 年，在核试验中的假人。1960 年 2 月 13 日，法国从撒哈拉沙漠中十米高的塔上爆炸了它的第一颗原子弹。像英国在 1952 年试验它的第一颗原子武器一样，法国也看到，拥有核武器已经成为世界大国的标志。正如英国首相哈罗德·麦克米伦所说的，这种武器能够允许英国继续在『最高的餐桌上吃饭』，并且可以加入美国制定的核决定。与英国相反的是，法国发展核武器是为了摆脱美国的控制。

⊙ 1960 年 4 月，驻阿尔及利亚的法军发生叛乱。图为叛军领袖儒奥、夏尔和萨朗（从左至右）。

⊙ 1961 年 1 月，戴高乐就阿尔及利亚的未来举行公民表决，法国和阿尔及利亚的人民以压倒多数的投票赞成就自决举行谈判，阿尔及利亚战争进入了最后阶段。当法国政府与民族解放阵线的阿尔及利亚临时政府，正在为实现埃维昂矿泉浴场的会谈举行谈判时，一个师的法国伞兵突然在 4 月 22 日早晨包围了阿尔及尔的政府大厦，逮捕了法国总代表。以夏尔等将军为首的叛乱开始了。

⊙ 1961 年，戴高乐总统签署一份备忘录，同意阿尔及利亚人全民表决。这引起了法国殖民地阿尔及利亚军队的不满。图为 1961 年 4 月发动武装叛乱的萨朗、夏尔和齐勒将军的伞兵部队。

⊙在阿尔及利亚当地，对叛乱的支持被证明是有限的。1961 年 4 月 26 日，叛军瓦解。警察着手收缴在政变期间发给准军事秘密军队组织的武器，政变头子被逮捕后交付审判，夏尔和泽勒被判监禁，儒奥和萨朗被判处死刑。

⊙ 1962 年 3 月 26 日，戴高乐下令剿灭法国叛军，阿尔及利亚的气氛十分紧张。

⊙ 1962 年 7 月 3 日，戴高乐宣布承认阿尔及利亚独立。图为阿尔及利亚人民在街头欢庆结束了长达一百三十二年的殖民统治，从此获得了民族和国家的独立。

⊙1963 年 1 月，戴高乐发表强硬讲话，反对英国加入欧洲经济共同体。

⊙这是 1963 年，戴高乐将军欢迎联邦德国领导人阿登纳时拍摄的照片。戴高乐将军首先是一位爱国者，他决心恢复法国昔日的荣耀。他在欧洲问题上的个人抱负，是使欧洲脱离美国的庇护，并创立一个以尊重民族主权为基础的统一组织。

⊙ 1965 年，戴高乐夫妇正在一个地方选举中投票。在 1965 年选举的第二次投票中，戴高乐重新当选。

⊙ 1967 年，戴高乐出席法国第一艘核潜艇的下水仪式。

第十章 最后的旋律

然而，决定戴高乐命运的赌注最终还是在国内，戴高乐在国际上取得的地位掩盖了他在国内声望的下降。

战后十多年来，法国人口的增长率提高了。六十年代的法国社会是青年人的社会，到了 1966 年，二十岁以下的青年占总人口的 34%。五十年代的幼儿要步入大学，巴黎大学人满为患。人们开始时并没有意识到青年将对法国社会造成什么样的难题；正陶醉于外交辉煌成就的戴高乐将军更完全没有想到，在巴黎偏远的农泰尔文学院的一支“引爆雷管”正在发热。法国经济的发展，没有给戴高乐在国内的政治斗争中增加多少政治资本。

1967 年的议会选举中，戴高乐一派仍获得多数席位。不过，这既不能保证戴高乐的政权不受冲击，也不意味着社会的稳定。在法国的政治中心巴黎，一大片疾风骤雨的阴云正浓浓地低垂着。

随后的 1968 年是戴高乐交厄运的一年。农泰尔文学院本来是平静的，后来由于新生增多，出现了许多问题。自 1967 年 12 月以来，学生们开始了抵制考试的运动。运动迅速带上了政治色彩，从反对校规到反对越南战争，从要求绝对自由到抨击资本主义制度。运动的口号五花八门，出现了名目繁多的以“新左派”自诩的群众组织，有的以托洛茨基为招牌，有的打出格瓦拉主义的旗号，有的号称“毛泽东共产主义小组”……学生中出现了一些颇有些号召力的带头人，其中最著名的就是社会学系的德籍学生邦迪。

1968 年 3 月 22 日，科恩·邦迪领导的“三月二十二日运动”小组诞生了。这一天，在邦迪的号召下，七百多名学生占领了农泰尔的行政大楼，“三月二十二日运动”便因此而得名。学校当局请求警察干预，矛盾陡然激化。运动很快扩散到了巴黎大学所在的著名的拉丁区，并传播到了全国各地大学。警察逮捕科恩·邦迪以后，学生们的对立情绪一下子发展到了白热化的程度。被激怒了的学生同荷枪实弹的警察发生了直接冲突。在蓬皮杜总理的过问下，关了十二个小时后的科恩·邦迪被释放。但是，局势丝毫没有平息，示威行动继续发展，各派学生组织的各种倾向的社团多如牛毛，就政治、经济、社会、制度、革命等各种问题，展开了空前狂热的大辩论。5月2日，巴黎大学当局宣布停课。教育部长佩雷菲特、内政部长伏歇束手无策。

在戴高乐看来，对示威活动只能采取坚决镇压。5月3日，警察占领了巴黎大学，大批学生被捕，拉丁区成了由铺路石垒起的战壕，学生们用石块迎击警察。到了5月6日，被捕的学生达四百余人，几百名警察和学生在武斗中受伤。戴高乐丝毫不想退步，他决心把学生运动镇压下去，他指示代总理若克斯、内政部长伏歇和教育部长佩雷菲特，绝对不向学生让步。巴黎大学进驻武装警察，学生则用石块和街垒占领了拉丁区。5月10日夜晚，棍棒、防毒面具、催泪弹、铺路石块……拉丁区成了警察和学生的战场。学生们决定在13日举行更大规模的示威行动。这时，法国总工会和民主工人联合会决定打破沉寂，也宣布将于5月13日举行总罢工，学生将和工人汇合在一起。

戴高乐一直处在愤怒之中，他决定：决不让步，被捕的学生不能释放，警察不能离开巴黎大学。戴高乐决定以不妥协的姿态恢复社会秩序。

几个月来闹得天翻地覆的学生运动，此时已是强弩之末了。这场席卷整个法国的“五月风暴”，毕竟是自发而分散的，注定是不可能持久的。国民议会改选后不久，占领巴黎大学主要建筑物的警察们撤了出来，在运动中最活跃的组织被政府宣布为非法组织，“五月风暴”终于平息下来。

历史注定不让戴高乐有片刻的安宁。8月21日，苏联军队占领捷克斯洛伐克。9月9日，戴高乐在记者招待会上谴责了苏联的霸权主义政策和行径，指出苏联此举影响了欧洲缓和的前景。戴高乐说，“缓和、谅解、合作”政策首先是一项和平政策，捷克斯洛伐克事件等于给缓和势头泼了一盆冷水。同时，这给法国改善同美国和英国的关系提供了契机。因为苏联出兵捷克，引起了西方国家的一致谴责。

1969年2月4日，戴高乐接见了英国新任驻法大使克里索姆斯。克里索姆斯是他在第二次世界大战期间的老搭档、老对手丘吉尔的女婿。戴高乐照例表示希望看到英国和西欧其他国家发展经济合作关系。不料，英国外交部竟把这场谈话记录全文公开发表了，似乎戴高乐已经改变了一直否决英国加入共同体的政策。戴高乐十分恼火，说英国公然违反外交上保守秘密的惯例。英国人则说是上了戴高乐设的“圈套 ”。当然也有人推测，戴高乐确实想把同英国的紧张关系悄悄地缓和一下，不料英国把谈话记录稿公布了，结果适得其反。

2 月 19 日，内阁会议宣布，公民投票将在 4 月 27 日举行。蓬皮杜和戴高乐成为竞争总统的对手。在总统竞选期间，戴高乐夫妇乘专机离开法国前往爱尔兰度假。七十九岁高龄的戴高乐将军选择爱尔兰西南角的濒海地区，去洗掉半个多世纪长途跋涉在他身上留下的风尘。6 月 15 日，总统第二轮选举结果揭晓，蓬皮杜以 58.21% 的多数票当选为共和国总统。第二天，戴高乐从爱尔兰休养胜地给蓬皮杜发来了电报，对他的当选表示衷心祝贺。

1970 年 6 月，戴高乐夫妇曾去过一趟西班牙，这是他一生中最后一次出国访问。在马德里，戴高乐会晤了佛朗哥。戴高乐虽然同德国法西斯进行过殊死的斗争，却对西班牙的独裁者怀有敬意。戴高乐还收到过毛泽东主席的邀请信，并决定在 1971 年合适的时候访问中国。但是很遗憾，他最终没有见到毛泽东。

1970 年 11 月 9 日，戴高乐照常工作了一整天。当晚，因心脏病突发猝然逝世。而再过十三天，他就整整八十岁了。

法兰西自由战士、第五共和国的缔造者戴高乐的逝世，在法国人民心中激起了巨大的悲痛，科隆贝教堂上空回荡着悼念的钟声。第二天中午，蓬皮杜总统发表广播演说：“戴高乐将军逝世了。法国失去了亲人。”

戴高乐在遗嘱中写道，不要授予他任何称号和勋章。一切都按照遗嘱，墓碑只写了“夏尔 · 戴高乐 (1890–1970)”几个字。他最心爱的小女儿安娜，已经在那里安息二十二年了。

⊙ 1968 年 5 月，巴黎爆发了欧洲与法国本土历来最严重的骚乱。5 月 6 日，约一万名左翼学生与装备着催泪弹、高压水龙和警棍的共和国保安部队的防暴警察在拉丁区的街道上殴斗。汽车和公共汽车被推倒烧毁，六百人受伤，四百二十二人被逮捕。5 月 10 日，警察与学生又发生激战，学生们挖出人行道的铺路石构筑街垒。骚乱过后，学生占领索尔邦大学达五周之久。

SER
SER

⊙ 1968 年 5 月 7 日，为声援大学生，巴黎百万市民群众走上街头，举行声势浩大的游行示威。

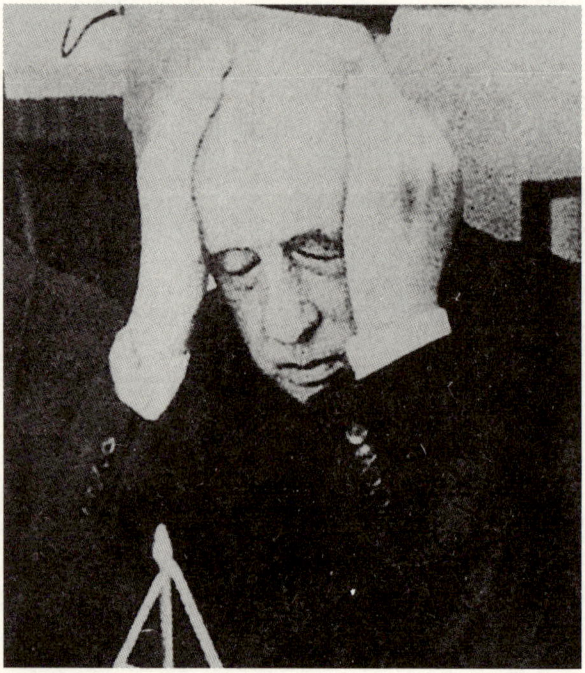

⊙ 1968 年 5 月，法国爆发了五月风暴学潮，并迅速蔓延为席卷全国的政治动荡。戴高乐陷入了难以应对的困境。

⊙ 1968 年 5 月，突如其来的学生运动搅翻了法国政坛。不久，上百万工人开始了法国历史上最持久的大罢工，并且严重威胁第五共和国的生存。5 月 29 日，戴高乐总统在危机中前往西德躲避风头。在一位高级顾问的劝说下，他才返回法国，直面危机。第二天，他通过广播向全国发表了讲话。这次讲话获得了广大示威者的支持。图为罢工期间巴黎街头堆积如山的垃圾。

⊙ 1968 年，示威支持戴高乐的法国作家兼文化事务部长安迪・马尔罗克斯、法国前总理米歇尔・戴伯里和他的副总统罗伯特・布热德。5 月 30 日，戴高乐宣布举行全国的新一届大选。除此之外，工人的工资也显著地提高了，教育改革的计划也初步拟订。法国公众开始反对削弱经济的罢工和政治动乱。当工人从罢工中退出来时，暴乱也崩溃了。在六月的大选中，戴高乐的支持者利用人们对进一步的骚乱和共产主义革命的恐惧，再次获得胜利。

⊙戴高乐在科隆贝自己的家中。

⊙戴高乐为竞选而周游法国。

⊙ 1969 年，戴高乐与尼克松走过凡尔赛宫。

⊙晚年的戴高乐将军。

⊙ 1969 年，退出政坛的戴高乐，偕夫人秘密到爱尔兰度假。两位老人漫步在海滩，享受难得的宁静。

⊙ 1970 年 11 月 9 日，戴高乐去世。图为覆盖着三色旗的戴高乐将军的灵柩到达他的故乡科隆贝。

⊙戴高乐于 1970 年 11 月 9 日去世，葬于他家乡的科隆贝教堂。世界各国的领导人对这位法兰西第五共和国前总统的去世表示深切的哀悼，大约四万名法国人来到科隆贝向戴高乐表示最后的敬意。

⊙1970年11月12日，戴高乐被安葬于故乡科隆贝的小镇教堂旁，他的墓地紧挨着他的女儿安娜的墓地。

⊙自发来到科隆贝吊唁戴高乐将军的法国民众络绎不绝，通往科隆贝的路上排着数公里的长龙。

⊙戴高乐将军，他曾经拯救了法国，他领导法国走向解放和胜利。

戴高乐生平大事年表

1890 年 11 月 12 日，出生在法国北部里尔。

1907 年 在比利时的安东尼书院读中学。

1909 年 考入圣西尔军校。

1912 年 10 月，从圣西尔军校毕业，任步兵团第三十三团少尉。

1913 年 晋升为陆军中尉。

1914 年 参加抵抗德国侵法战争。

1915 年 晋升为陆军上尉。

1916-1918 年 在战争中被俘，法国胜利后获释回国。

1919-1920 年 在波兰服役，并参加了苏波战争。

1921 年 4 月 7 日，同伊冯娜 · 旺德鲁结婚；

10 月，在圣西尔军校讲授历史课程。

1922 年 11 月，进入军事学院深造。

1924 年 6 月，从军事学院毕业，发表处女作《敌人阵营的倾轧》。

1925 年 10 月，调任贝当元帅幕僚。

1927 年 晋升为陆军少校，指挥第十九轻步兵营。

1932 年 晋升为中校，调到最高国防委员会秘书处工作。同年，《剑刃》一书出版。

1934 年《建立职业军》一书出版。

1937 年 在梅兹指挥的第五〇七装甲团任职，并晋升为上校。

1938 年《法国及其军队》一书出版。

1939 年 二战爆发后，被任命为法国第五军团参谋部队战车队临时指挥官。

1940 年 5 月 11 日，奉命指挥第四装甲师。

5 月 25 日，晋升为准将。

6 月 18 日，在英国广播电台发表讲话，号召法国人民继续抗战。

1941 年 成立“法兰西民族委员会”，自任主席。

1942 年 7 月 13 日，“自由法国”更名为“战斗法国”。

1943 年 5 月，以穆兰为主席的“全国抵抗运动委员会”成立，确认戴高乐为法国抵抗运动的唯一领袖。

1944 年 6 月 3 日，法兰西民族解放委员会改称法兰西共和国临时政府，戴高乐任总理。

8 月 24 日，巴黎解放。第二天，戴高乐建立共和国临时政府。

1945 年 11 月 13 日，制宪议会一致推选戴高乐为临时政府总理。

1946 年 1 月 20 日，辞职下野。

1947 年 4 月 7 日，创建“法兰西人民联盟”。

1954 年 10 月，《战争回忆录》第一卷出版。

1956 年 5 月，《战争回忆录》第二卷出版。

1958 年 6 月 1 日，国民议会授权戴高乐组阁。

9 月 28 日，公民投票通过新宪法，第五共和国宣告成立。

12 月 21 日，当选第五共和国首任总统。

1959 年 9 月，《战争回忆录》第三卷出版。

1965 年 12 月 19 日，再度当选法国总统。

1969 年 4 月 28 日，宣布引退，辞去总统职务。

1970 年 10 月，《希望回忆录》第一卷出版。

11 月 9 日，在科隆贝去世。